跟格雷厄姆学价值投资

The Triumph of Value Investing

[美]珍妮特·洛尔 (Janet Lowe) 著
邓雁 译

图书在版编目（CIP）数据

跟格雷厄姆学价值投资 /（美）珍妮特·洛尔著；
邓雁译. -- 北京：中信出版社，2021.5
书名原文：The Triumph of Value Investing
ISBN 978-7-5217-2960-3

Ⅰ.①跟… Ⅱ.①珍… ②邓… Ⅲ.①股票投资—基本知识 Ⅳ.①F830.91

中国版本图书馆 CIP 数据核字（2021）第 048320 号

The Triumph of Value Investing by Janet Lowe.
Copyright © 2010 by Janet Lowe.
All rights reserved including the right of reproduction in whole or in part in any form.
This edition published by arrangement with Portfolio, an imprint of Penguin Publishing Group, a division of Penguin Random House LLC.
Simplified Chinese translation copyright © 2021 by CITIC Press Corporation.
ALL RIGHTS RESERVED
本书仅限中国大陆地区发行销售

跟格雷厄姆学价值投资

著　者：[美] 珍妮特·洛尔
译　者：邓雁
出版发行：中信出版集团股份有限公司
　　　　　（北京市朝阳区惠新东街甲 4 号富盛大厦 2 座　邮编　100029）
承　印　者：北京诚信伟业印刷有限公司

开　本：880mm×1230mm　1/32　印　张：8　字　数：200 千字
版　次：2021 年 5 月第 1 版　印　次：2021 年 5 月第 1 次印刷
京权图字：01-2010-5951
书　号：ISBN 978-7-5217-2960-3
定　价：55.00 元

版权所有·侵权必究
如有印刷、装订问题，本公司负责调换。
服务热线：400-600-8099
投稿邮箱：author@citicpub.com

前言

对于投资者来说,投资之路充满艰辛和收获:2000—2002年网络泡沫的崩溃,2007—2008年全球股市的暴跌,2020年暴发的全球疫情……不管他们的投资理念如何,几乎所有的投资者都难逃此劫。以稳健和沉着著称的价值投资者,也受到了各种风暴的影响。

在发现持有的股票迅速反弹前,价值投资者或许曾质疑价值投资的原则在当今是否还适用。

在21世纪头几年的大牛市中,巴菲特以价值投资原则进行经营的控股公司——伯克希尔·哈撒韦公司(Berkshire Hathaway Corporation),并不是股市上的佼佼者,只有忠实的老股东们把它视为宠儿。每年,超过3万名热情洋溢的追随者参加公司年会,这是对巴菲特巨大的鼓励,最终证明他们成功了。这个于1956年成立的公司在2019年再创佳绩,股票持仓市值2 480亿美元,浮盈125%。

另一位价值投资者——塞思·卡拉曼，在没有使用杠杆和卖空的情况下，长期以来的业绩仍然超过市场水平。在本书中，我们将会提及这些内容，还会谈及更多在艰难的市场条件下保护本金或获得成功的价值投资者。

在瞬息万变的形势下，我们应该经常审视自己的想法是否依然正确。过去20年发生的市场崩溃以及每个投资者所遭遇的困惑和挫败，让我们有机会重新学习本杰明·格雷厄姆的价值投资原则，学会如何运用这些原则面对新的挑战。

这是研究这些投资原则如何被运用，以及在科技主导、无国界、快速变化的世界中如何被完善的最佳时机。

作为投资专栏作家，我在20世纪80年代开始撰写关于格雷厄姆教授的文章，我写的关于投资的第一本书《格雷厄姆论价值投资》，于1994年出版。1996年我出版了第二本书《价值投资胜经》。这引发了人们对价值投资和价值投资者的兴趣。我对有些人把价值投资称为"公式"的看法不敢苟同。格雷厄姆不断求知，不断实践，总是在寻求运用价值投资原则更新和更好的方法。

《跟格雷厄姆学价值投资》又回到了价值投资这个熟悉的领域。本书将引领投资者确定企业的内在价值、寻求安全边际，以及运用价值投资的其他原则。本书肯定了格雷厄姆投资理念的合理性和可靠性。

无论读者是否熟悉价值投资，还是刚发现超级投资家巴菲特所称的"格雷厄姆和多德",这些在本书中都会有全新诠释。本书还涉及市场上最新的理念和代表人物,产业的发展和经验,以及公司的历程等。书中还谈及了对高科技行业、生物科技行业和外国公司的投资,并解释了指数基金和交易所交易基金(ETF)等产品的运用。另外,本书还引导投资者运用网络资源收集信息进行分析,支持投资决策,实现购买操作和管理投资组合。最重要的是,本书还指出投资顾问和监管机构也很难保证你的财产安全。尽管他们在投资中都非常重要,也有保护我们的义务,我们仍然必须学会保护好自己。最好的防御方法就是运用知识。

本书是写给个人投资者的,不管他们是出于管理好自己财富的目的,还是更想了解他们的财富如何被他人管理。

本书包括了对当今顶级价值投资者沃伦·巴菲特、威廉·欧奈尔、戴维·伊本、查尔士·布兰帝和艾伦·布拉德福德等的采访。我衷心感谢他们接受采访,对他们投资的激情也致以深深的敬意。同时,也非常感谢我的经纪人艾丽斯·马特利,企鹅出版社编辑考特尼·扬,马修·博埃齐和阿利萨·阿米尔,正是他们的辛勤努力让这本书的出版成为可能。

最重要的,是希望大家喜欢这本书。投资是极具吸引力的事情,应该充满乐趣。

目 录

1
经济衰退期的价值投资

经济海啸席卷华尔街 004
"经济时代"的致命冲击 004
投资者的金融责任 006
重建财务堡垒 007
格雷厄姆对当今的影响 008
向大师学投资 009
格雷厄姆的核心原则 011
经济变革的最佳时机 013
经济的方向在哪里？ 014

2
21世纪的价值投资

价值投资和技术分析 022
投资无关运气 023
投资的内在价值 024
安全边际 026
投资的机会在哪里？ 027

3
格雷厄姆的投资理论

容易掌握的投资原则　034
无须过度迷信数学模型　035
价值投资的心智训练　036
长期持有的投资组合　038
稳定和持久的收益　039

4
金融市场的反应

市场周期　046
变幻莫测的股市　047
市场时机和价格　049
股票的定价方法　049
对市场时机的预测是无效的　050
当日交易　051
短线交易　053
观察牛市的发展　054
牛市的巅峰　055
回到正常区域　056
寻找好的投资机会　057
熊市特征　058
股息收益率　059
投资的时机再次到来　060
市场低迷时，不要泄气　061

5
风险和回报

平衡风险　069
对风险的了解　070
风险和收益的相关性　072
了解投机　074
贝塔系数　074

贝塔系数和风险　076
明白自己是哪类投资者　078
被动型投资者的投资选择　079
指数基金　080
交易所交易基金　083
程式交易是敌人吗？　084
金融衍生品　085
融资融券　086
价值投资要点　088

6

资产负债表

投资安全性的迹象　096
发现投资的内在价值　097
资产负债表的构成　098
资产的性质　098
计算账面价值　100
账面价值的魅力　101
账面价值的缺点　102
市净率　103
债务陷阱　103
债务评级　104
债务股本比率　106
营运资金　107
安全边际的局限　108
流动比率　109
速动比率　110
净资产　111
财务欺诈的高额成本　112
《萨班斯法案》　113
价值投资的基本原则　114

7

唯一重要的增长率

利润表的秘密 119
收入的实际情况 120
诚实的报表调整 121
收益的观点 122
增长的指标 123
销售量 124
收入和利润 125
息税前利润 126
留存收益 127
自由现金流 128
贴现金流模型 130
市盈率 131
股价的范围 132
成长型股票 134

8

对管理层的评价

诚信是重要的 140
过度信贷的恶果 141
利益相关方 141
谁在管理公司？ 142
像所有权人一样管理 144
好的经理人不能做什么？ 145
永远不需要太多信息 145
管理层的远见 146
股东的权利 148
股东的责任 151
政府监管的利弊 155
高管的薪酬水平 156
隐藏的经营信息 158

9 挑选股票

建立股票的筛选标准 163
筛选成本较低的股票 165
可能被高估的股票 166
对冲交易 168
防守型股票 169

10 投资组合的要求

投资目标 176
收益率超过通货膨胀率 178
保守的投资策略 179
定投策略 179
投资多样化 182
投资多样化的第一准则 183
现金是垃圾吗？ 185
投资多样化的第二准则 186
产业集团 188
投资全球化 189
金砖五国 190
黄金投资 191
共同基金 193
追踪收益 194
最佳的卖出时机 195
卖出股票时放慢行动 197
卖出股票的比重 197
为收益而投资 198
股息再投资 199
最佳的投资战略 200

11
投资中的特殊情况

首次公开募股 206
谷歌的首次公开募股 210
并购业务 212
全球化趋势的反思 213
优先股 217
可转换证券 218
权证 220
破产处理 221

12
期望做得更好

原则一：保持端正的态度 229
原则二：不要理会预测 229
原则三：坚持实事求是 230
原则四：寻找和市场情况不一致的投资机会 231
原则五：远离债务 232
原则六：迎接市场的波动 232
原则七：倾听"船员"建议 233
原则八：在市场过热时保持镇定 234
原则九：多样化投资 235
原则十：通货膨胀不会消失 236
原则十一：坦然面对投资中的失误 236
原则十二：享受投资的过程 237
投资中的失误 238

1

经济衰退期的价值投资

The Triumph of Value Investing

> 在任何年纪,我都不愿意靠在火炉边对周遭的一切冷眼旁观。生活需要去经历,应该永保我们的好奇心。
>
> ——埃莉诺·罗斯福

踏入21世纪的人们比任何时候都更加乐观、智慧和从容。随着近几年来经济的稳步增长,人们的收入水平、生活水平和财富水平都有了很大的提高。对于投资者来说,21世纪的投资道路布满荆棘。这一切随着千禧年的到来,如约而至。

网络公司如雨后春笋般涌现,高新技术得以飞速发展,网络泡沫在2000—2001年破灭,产生的影响极具毁灭性。新公司在公司名称前加上"e-"或在公司名称后加上".com"以寻求股价的上涨,这导致了所谓的"代号投资"的泛滥。

这些美丽的梦想在2000年3月10日被彻底粉碎,当时科技股占比较大的纳斯达克综合指数已高达5 048.62点,比一年前涨了一倍还多。紧接着的那个周一,数万亿美元的抛售袭击了证券交易所,涉及思科、IBM、戴尔等行业领军企业。这引发了一系列连锁反应,投资者、共同基金和机构投资者都纷纷抛售手中的股票。6天中,纳斯达克综合指数损失近9%，2000年3月15日降到4 580点。到2002年10月，被网络泡沫吞噬的科技股市值达5万亿美元，引发了轻微的经济衰退。

经济海啸席卷华尔街

绝大多数投资者似乎都没有听到拉响的警报，在短短几年中，Web2.0让新一轮的风险投资、首发投资和投机活动卷土重来。

不仅如此，投资者在其他地方也遭遇了沉重的打击。21世纪初期，由于财务报表的欺诈行为，安然、泰科电子、阿德菲亚和世界通信公司等大型上市公司的股东们损失惨重。为了应对严重的公司欺诈和财务欺诈行为，美国国会通过了2002年《萨班斯法案》，但新法案未能完全阻止由来已久的财务欺诈，也未能阻止财务欺诈在形式上的花样翻新。那时，出现了很多给银行造成巨大损失、臭名昭著的"银行抢劫犯"——可不久，人们将会领教"银行抢劫犯"的厉害。

"经济时代"的致命冲击

美国股票市场道琼斯工业指数在10年中就翻了一番，从1997

年2月的7 022点上涨到2007年10月的14 164点，人们对自己的投资智慧和资产安全都十分满意。而那恰恰是股市的最高点位。仅17个月后，在2009年3月，1997年2月—2007年10月新增的所有财富消失得无影无踪。道琼斯工业指数暴跌53%，降至6 547点，尽管全球有部分股票市场的情况稍好一些，全球股市的总市值在18个月中缩水超过32%。到2010年11月，虽然道琼斯工业指数上涨到10 600点，已经恢复了跌幅的近1/2，全球股票市场仍然没有恢复元气。这是怎样的惩罚啊！

一些专家把我们生活的时代称为"经济时代"，也有人称之为"经济衰退"。美国经济在2007年12月正式进入衰退期，但很难说经济下行具体始于哪一年。住房抵押贷款和公司信贷的问题开始于2007年年初，直到2010年，还在与美国国内经济的停滞和高失业率一起持续着。

我们不禁要把上述情况和20世纪二三十年代的大萧条时期进行比较。但上述情况还没有大萧条时期那么糟糕，那时的失业率曾高达25%，而2009年的失业率最高时仅为10%。大萧条时期的股市在1932年探底之前暴跌了86%，道琼斯工业指数直到1954年11月才回到1929年前的水平。

2007—2008年股市波动的情况和1973—1974年的股市下滑有着惊人的相似。似乎美国当时的经济状况如同大萧条之前一样动荡不安，严重的恐慌席卷全国。

《投资者商业日报》创始人威廉·欧奈尔说:"这是我所看到的彻头彻尾的恐慌,人们都在问,我放在美国银行的钱是安全的吗?"

对于很多人来说,经济衰退期是令人沮丧的,但在所有的金融危机中,依然有人受益,有人看到新的机会。但毫无疑问,所有人都得到了深刻的教训。因此,这是重温价值投资基本原则的绝佳机会,它让我们重新学习这些原则如何服务投资者,如何进行调整去适应日趋艰难的金融环境。

无论我们受到了怎样的影响,无论我们究竟该去责备谁,无论我们要求对体制进行怎样的改革,每个人都有责任去保护自己的财产,改善自己所处的环境,尽自己的所能防止历史重演。

《华尔街日报》的专栏作家杰森·茨威格曾写道:"此时,我们去重温格雷厄姆的智慧再合适不过了。"他还评论说,在当时的市场情形下,格雷厄姆毫无疑问会冷静地坚持自己的分析和判断,对电视里那些专家们的抱怨和胡言乱语置之不理。

投资者的金融责任

威廉·欧奈尔强调了对金钱承担责任的重要性。很多人努力工作,不停地存钱,就为了把积累一生的财富交给他人管理。获取帮助是可行的,对很多人来说,他们选择求助于理财专家。但为了更好地保护自己，投资者仍然需要了解经济学的基本概念，例如公司怎样运作、证券市场是什么，以及如何评估自己的证券投资组合。欧奈尔坚持"教育是必要的。如果愿意去学，他们都能学到东西；如果愿意深入研究，你还能学到更多"。

在美国证券交易委员会的网站上有这样的提示："投资世界无限精彩又纷繁复杂，它有可能给你带来硕果累累的收获。可银行世界正好相反，美国政府告诫你，存款、股票、债券和其他投资都可能会丧失价值。投资领域中没有任何担保，这就是为什么说投资不是旁观者的活动。迄今为止，投资者保护资产最好的办法是深入研究并不断提问。"

重建财务堡垒

对于历史的回顾并不能安慰那些丧失了巨额财富，同时也丧失了希望和梦想的人，包括期盼安稳退休生活的人。鉴于美国股票市场的历史表现以及全球经济复苏所带来的高通货膨胀，人们只能重返储蓄和投资领域，并从新千年的危机中吸取教训。这就是这本书的目的，一种事后反思，对已发生的事情进行"经验总结"，并在经济复苏的过程中，对如何保护自己的财富进行规划。

本书是为像埃莉诺·罗斯福那样的人写的，他们永远不会待在一旁，无动于衷。也是为那些想要积极参与市场并谋求共赢的人写的。

聪明的投资者以及久负盛名的哥伦比亚大学教授本杰明·格雷厄姆，都提出了金融投资的基本原则，我们可以借助这些原则重建我们已失去的投资，并保卫我们还持有的投资。只有这样，我们才可以顺利度过各种风暴，无论它持续的时间有多长。正如格雷厄姆所说，只要持有正确的思维和观念，在混乱中我们也会有所收获。

丹尼尔·梅尔曾在《福布斯》上发表的文章中写道："要获得投资的长期收益，格雷厄姆的基本理念是永不过时，也必不可少的。他率先提出应根据企业的基本价值买入股票，当所有的投资者把买卖股票视为投机时，他把此观念发展成为一个完整的体系。"

格雷厄姆的学术背景和兴趣是语言、数学，以及哲学，他选择"价值"一词来描述他的投资理念，并不是出于偶然。哲学家们告诉我们，价值和其相关的问题深入我们生活的方方面面。什么是真正的价值呢？什么东西值得我们向往，并为之奋斗一生？这些问题适用于我们的财富，也适用于我们的家庭、朋友、文化和其他方面。金融是现实世界的有机组成部分，当然也不能回避对价值的探讨。

格雷厄姆对当今的影响

在格雷厄姆所处的时代，他是最负盛名和最受尊敬的投资者。

作为价值投资之父，格雷厄姆在去世后，至今仍然是我们的指路明灯。尽管其两本著作《证券分析》和《聪明的投资者》的体系和例子都已过去很久，但是至今它们仍然堪称经典。

格雷厄姆经历过很多类似于2009年前后所面临的市场巨变。1929年股市崩溃之前，他在华尔街开始了自己的职业生涯，那时对股市的监管还很不完善，今天我们常提的公认会计准则和信息披露等要求在那时还不存在。那是一个充满投机、市场操纵和内幕交易的时代。

向大师学投资

长期研究格雷厄姆并坚持其投资原则的，包括大家所敬仰的沃伦·巴菲特、沃特斯·科劳斯和埃尔文·卡恩。格雷厄姆的忠实信徒包括约翰·博格、戴维·卓曼、塞思·卡拉曼、彼得·林奇、马里奥·嘉贝利、约翰·内夫、查尔斯·布兰帝、比尔·米勒、迈克尔·欧尼尔、麦克尔·普里斯和迈克尔·惠特曼等众多大名鼎鼎的投资家。克利斯多佛·布隆尼、约翰·邓普顿和马克斯·海涅也是他们其中的一员，但已经过世。价值理念的追随者就更多了，在过去的二三十年中，价值投资大家庭的成员已经遍及世界各地。巴菲特在伯克希尔·哈撒韦公司的年会上，曾经为外国投资者举办专门的欢迎会。随着外国投资者的激增，巴菲特不得不在 2010 年中断了这个安排。

价值投资也面临众多的质疑。有人认为股票市场收益最大化取决于增长，对于随之增加的风险不必过于担心，也有市场权威们认为深入了解经济运行的周期性才会有投资的机会，现代投资组合理论的拥护者们却认为个人投资者不可能比市场更高一筹，也有人认为投资就是把握市场时机和短线交易。

在《金融时报》和《金融分析》上，出现了很多学术研究文章，他们的观点和布兰德斯研究所的研究结果一致，他们都发现多年以来价值股票的业绩均优于市场平均水平。价值投资理念一如既往地得到大家的认可，实际上，在任何市场情况下，价值投资都带来了投资的平衡性和稳定性，而这些正是实现稳定和持久的投资收益所不可或缺的。

巴菲特以价值投资为理念的控股公司是伯克希尔·哈撒韦公司，在有些年份，股价的确出现过下滑，但公司的收益率仍远远超过标准普尔 500 指数的水平。在 2005—2010 年，标准普尔 500 指数有两年表现不佳，而伯克希尔·哈撒韦公司的股价只在一年出现过下滑。公司股票的每股账面价值在不停变动，从成立到 2010 年，巴菲特以 11.4% 的年平均增长率胜过标准普尔 500 指数股票。公司股票以每股 7.98 万美元的低价持续了 52 周之后，于 2010 年年初上涨，每股超过 12.5 万美元，最高时曾达到每股 14 万美元。

其他价值投资者的成果也说明了价值投资理念的优势。美国个人投资者协会根据不同的投资理念准备了不同的证券组合范本。在2009年上半年，很多投资组合中的股价都出现了负增长或是缓慢增长，而价值投资组合的收益率却高达40.9%，其中以价值投资为主的投资组合收益率也达30.8%；而同一时期的增长型组合和指数型组合的收益率分别为19%和18.5%。进行价值投资的同时也强调增长性的话，半年的收益率就可达67.1%，这些我们将在后文中谈到。

简而言之，价值投资提倡基本面的分析方法以及安全边际的基本原则，买入出于某种原因价格被低估的股票。

格雷厄姆的核心原则

二十世纪二三十年代的美国股票市场看起来无章可循，根本无法进行预测，但格雷厄姆意识到市场混乱中必然存在一定的规律。他指出，每只股票都代表一个真实的企业，而这个企业都有一定的价值，正如一栋房子、一匹马或一顶帽子都有一定的价值一样。他会先确定买入整个企业的价格，然后用总价除以股票的总数来确定合适的股价。这听起来很简单，但在格雷厄姆那个年代，没有人以这种方式进行投资，现如今也仅有一小部分人会这样做。

60年前,格雷厄姆警告投资者不要尝试预测股市的变动——失败者才会那么做。但是,投资者可以保护好自己,并在股价低迷时买入价值股充实自己的投资组合。

格雷厄姆鼓励投资者对自己负责、独立思考,以及不断地发现问题。通过不断地观察和研究,格雷厄姆总结出三个对投资者始终有用的核心原则。

巴菲特与研究格雷厄姆理念的人都具备出色的分析能力,但他们的投资也是基于这三个基本原则:端正的态度,合理的安全边际,确定企业内在价值。我们将在第二章详细讨论这三个核心原则。

客观地说,绝大多数的个人投资者都不清楚如何计算或估算股票的实际价值,或称内在价值。毫无疑问,经济衰退期的经济困境对投资者的影响将持续下去,这既有有利的一面,也有不利的一面。

不利的影响包括:

- 美国联邦政府将在很长一段时间内继续扮演一些公司的合伙人。
- 资本利得税率可能会被提高。
- 政府对一些行业会加强监管。
- 通货膨胀率将会上升。

从积极的方面说,股东们或许:

- 设定高管薪酬时，有更强大的话语权。
- 更加注重保护本金。
- 把负债控制在合理水平。
- 发现新的、更好的方法监督公司的财务状况。
- 对欺诈行为有更多了解。

社会的发展出现了很多新的变化，但投资者意识到，随着经济全球化和科技在金融领域的深入，我们仍然可以在经济衰退中独善其身。

经济变革的最佳时机

格雷厄姆所处年代发生的变化在 21 世纪得以加剧。我们处在一个快速转型的过渡时期，从一国经济走向全球经济，从现实的有形世界走向依赖电子设备和互联网的无形世界。重工业时代走向知识产权经济时代的变化，让投资者琢磨不透。客运、货运和服务的流动一直都很重要，当所需的东西通过电子的方式买卖或交付时，我们就有必要去了解科技对这些领域的影响，以及它们之间的关系。全球性的变革与数码、通信和互联网的变革是紧密相连的，它们为个人、政府、企业，特别是投资者创造了一个无边界的世界。我们对正在经历的经济混乱并不陌生，它类似于过去所发生的几次科技革命时期，包括19世纪40年代铁路的诞生、20世纪初期汽车的诞生、20世纪20年代收音机的发明，以及20世纪50年代晶体管电子设备的发明。

　　新的事物不断涌现，也有些一成不变的地方，比如投资市场人们的行为。群体性思维在金融市场无孔不入，人们的狂热随处可见。币值的稳定性令人担忧，黄金对情绪和文化产生影响，这一情况同样令人担忧。

　　我们面临很多挑战，我们在哪里才可以获得收益？下一个好的投资机会在哪里？我们的财富如何才能确保本金安全，并免受通货膨胀的侵蚀？

经济的方向在哪里？

　　以下几章内容将会涉及这些，以及更多的内容。在第二章和第三章里，我们将从总体上了解价值投资，在后面几章我们将探讨价值投资的基本原则，了解价值投资的方法，以及如何适应当今的经济环境。

　　在所有的经济环境中，格雷厄姆都很好地使用和更新了他的价值原则。他的这些原则适用于各种各样的证券，包括优先股、地方债券、公司债券和共同基金。这些种类的任意一种都值得用一本书进行深入的研究和探讨,但在这本书中,我们仅探讨它们与价值投资的联系。我们的重点是公司股权最常见的形式,即普通股,当然也会提及和对比其他投资。

格雷厄姆的故事:从困境中学习

本杰明·格雷厄姆成长在技术和社会大变革,以及市场动荡的年代。电话、汽车和电刚刚被发明,即将被推广使用,坐飞机旅行已经成为现实。1929年的股市风暴使他震惊不已,也使他的生活陷入困境。

本杰明于1894年生于伦敦,幼年时期随家人移居纽约。父亲去世后,母亲独自抚养三个儿子。尽管生活贫困,格雷厄姆还是凭借自己的勤奋努力和聪明才智赢得了哥伦比亚大学的奖学金,并在语言、数学和哲学等学科都有出色的表现。他很想成为一名大学教授,毕业时,却出乎意料地被院长安排进入一家投资公司。1914年开始工作时,他对华尔街还一无所知。

与此同时,欧洲成为战场,欧洲和美国的市场变得极度低迷。虽然纽约证券交易所关闭超过4个月,交易并未停止。在交易所之外出现了美国股票市场的另外一种形式——"场外交易市场",股票交易和价格都在证券交易所之外完成。纽约证券交易所重新开放后，交易量急剧上升。美国在1917年3月17日参战，到同年11月股票市场已暴跌31%。格雷厄姆在1975年接受《福布斯》采访时说："那时看起来就像世界末日，仅仅一年半之后我们居然又回到了欢欣鼓舞的大牛市。"

深入洞悉了华尔街之后，格雷厄姆开始尝试着用创新的方法为客户理财。20世纪20年代，他管理着由他组建的投资组合，那时的他是一个成功而充满自信的人。

他的美好生活在1929年秋天被再次中断。据他女儿的回忆，那时全家被迫从公园大道的豪华公寓搬到小小的出租房内。尽管他聪明过人，但他的理财客户数量慢慢在减少。他和合伙人杰瑞米·纽曼在没有佣金的情况下艰难维持了5年，直到所有的客户又重新选择了他们。

在那段窘迫的时期，格雷厄姆开始在哥伦比亚大学任教，教授投资相关的课程勉强度日。他邀请另一位金融学教授——戴维·多德来参加他的研讨会，并帮他记录上课内容。1934年，这些笔记整理成书稿，以《证券分析》的书名出版，该书首次提出了价值投资的原则。这本书被很多成功的投资者视为经典和标杆。

刚开始写作和教书时，格雷厄姆并没有给这些原则赋予特定的名字。他的初衷很简单：呈现一种对股票及其所代表的企业有逻辑的、基于事实的分析方法。

格雷厄姆·纽曼公司投资组合从1929年的损失中恢复过来后，其理财客户再也没有遭受过经济上的损失。30年间，发生了股市风暴、大萧条、两次世界大战，格雷厄姆的客户仍然获得了17%左右的平均年收益率。这还不包括来自格雷厄姆最有名的投资创新——美国政府雇员保险公司的收益。在后面，我们会谈到美国政府雇员保险公司的情况。

格雷厄姆于1956年退休，他把很多客户介绍给了一个才华横溢的年轻人——巴菲特。格雷厄姆的客户很容易地成为伯克希尔·哈撒韦公司最早的投资者，他们中很多人的子孙至今都还持有这些股票。格雷厄姆于1976年在他的第二故乡——法国南部的艾克斯去世，享年82岁。

2

21 世纪的价值投资

The Triumph of Value Investing

约翰·博格　成功的投资，其实就是用常识去投资。

作为最出名的追随者,巴菲特对本杰明·格雷厄姆的投资理论进行了最好的诠释。在市场崩溃时期,很多评论家都断定巴菲特已经失去了竞争优势,伯克希尔·哈撒韦公司的表现大不如前。2009年年初,权威人士道格拉斯·卡斯甚至宣称巴菲特的时代已经结束。

第一章中指出,伯克希尔·哈撒韦公司经营规模较大,在市场上的灵活性不足,但其业绩一如既往地出类拔萃。然而渴望迅速致富的人们再一次低估了巴菲特。短短数月后,那些曾经质疑的权威人士发现,巴菲特在买方市场的股市耐心地收获了大量财富。通过向高盛集团发放巨额贷款,他获得了10%的年收益率和以每股115美元的价格购买4 350万股的期权。不到一年,股价已上涨到170美元左右。他先后帮助通用电气公司、玛斯糖果和陶氏化学走出困境,当然,成交价格都是以有利于股东为原则。紧接着,他又介入富国银行、纽约证券交易所和美国伯灵顿北方圣特菲铁路公司等。巴菲特的种种行为让专业投资人士困惑不已,但当时(2009年)仍然成为巴菲特近70年投资生涯中业绩最佳的年份之一。

价值投资和技术分析

价值投资使用基本面分析,和晦涩抽象的技术分析关系不太密切。技术分析员不以公司的实际价值来评估股价,而是通过与市场行为相关的统计数据、图表和其他工具来分析交易行为。技术分析员相信历史走势可以说明将来的发展趋势,他们通过分析市场周期、交易模式、交易变量来预测股价变动。

投资百科解释说:"在购物中心,基本面分析员会走进每家商店,仔细研究商品,然后决定是否购买。相反,技术分析员则会坐在购物中心的长椅上,观察商店的人流量。他们不关心商品的真正价值,只关注商店的人流量。"

现代的价值投资者会以某种方式把技术分析和基本面分析方法有机结合起来,定性和定量的方法都是价值投资所需要的。格雷厄姆认为,数据所支持的定量指标比环境所决定的定性指标更重要。但他也明白,定性因素往往可以带来很大的安全性,有时甚至扮演主要角色。当所选择的股票基本相同时,定性指标在投资决策中起决定性作用。

正如第一章所谈到的，价值投资就是以端正的态度进入投资市场，对股票的实际价值进行分析，最后买入带来合理收益的股票。

投资无关运气

价值投资者认为投资不取决于运气，而是基于事实。他们会去观察在证券交易所上市的公司，然后以买入整个公司为前提，仔细研究这些公司。

价值投资者对于市场的震荡心中有数，在震荡期并不进行股票交易。因为他们很清楚，股价的波动是不可避免的，他们关心低买高卖的投资机会出现时股价的变化。我们将在后文深入探讨这些问题。

马里奥·嘉贝利把这些理念发展成为一个大家都接受的方法，他称之为企业个体的市场价值。他把企业个体的市场价值描述为企业实际价值加上合理溢价。嘉贝利的公司管理着高达300亿美元的客户资产，它为投资者带来了19.3%的累计增长率。巴菲特经常重复相同的建议："《聪明的投资者》第八章对我们的帮助相当于把其他教科书全都加在一起。也就是说，一定要有正确的态度，不是高超的技巧，也不是微积分，它就是一种从根本上很端正的态度。它不要求硕士学位，但是要深入到投资的本质中去。"

格雷厄姆认为价值投资就是寻找股价低于实际价值的股票，然后持有它们，直到有充足的理由卖出。

格雷厄姆写道："投资的过程就是认真分析，确保本金的安全与合理的回报。不满足这三个要求的不是投资行为，而是投机行为。"

- 本金的安全——企业的财务状况稳定，管理团队素质较高，你的投资就是安全的。
- 合理的回报——回报基于收益率，合理的回报取决于公司目前的状况和将来的发展前景。公司目前的收益来源以及将来潜在的收益来源在哪里？总收益包含实际收益和潜在收益，还必须和其他相对安全的投资机会收益率进行比较。

投资的内在价值

"内在价值"一词并不是本杰明·格雷厄姆创造的。该词最早于1848年就用在公司股票上。投资专家威廉·阿姆斯特朗，把"内在价值"视为确定证券市场价格的主要决定因素，但不是唯一因素。

内在价值很难解释清楚，而且随时都在变动。分析员会使用不同的方法计算内在价值，这些方法在后文我们都会一一谈到。比如格雷厄姆所钟爱的净资产价值法。对内在价值的追寻可以给你带来很多信息。资产负债表为你提供安全性指标，利润表向你展现企业继续发展的潜力。巴菲特曾经解释说："内在价值不可能明确地算出来，但又必须去估算。"巴菲特还补充道："我们把内在价值定义为将来可以从企业获取现金的贴现价值。"换句话说，就是把投资决策的制定基于公司将来的盈利能力，并根据通货膨胀率进行调整。

股价围绕企业的内在价值上下波动，这是基于几个原因，要么是因为资产价值下降（负面因素），要么是因为股价上涨（正面因素）。格雷厄姆认为，投资者不需要知道股价何时超过实际价值，只需要放心，因为这一刻迟早都会到来。当你持有的股价高于实际价值，或者其他投资有更高的收益率时，那就是抛售的时候。市场因素并不能完全左右你的决定，但它们也不能被完全忽视。

很明显，大多数对实际价值的计算都丧失了信心，即使是认真对待投资的人们也不例外。财务领域发生了翻天覆地的变化，公认会计准则愈加复杂，市场上推出大量复杂的证券产品，互联网为我们提供了大量资讯，并加快了交易的速度。最主要的是，全球经济呈现新的模式，比如欧盟的诞生，以及亚洲和那些新兴国家的崛起。

让我们好好想一想。企业还是企业，适用于过去和西方文化的投资原则仍然适用于现在的企业。政权有可能更替，法律有可能发生变化，税收政策有可能被修改，但最基本的事实没有变，比如2+2还是等于4。

安全边际

拉维曾写道："可以准确预测宏观经济的经济学家并不多见，实际上也没有分析员可以预测股票指数的下滑情况。同样，我也不能预测经济衰退的到来，甚至我对自己是否有能力预测2012年这个时候道琼斯工业指数和标准普尔500指数的水平也深表怀疑。与其去预测经济和整个市场的发展方向，不如去寻找和发现提供安全边际的股票的藏身之地。"我们在买入和卖出的股票里，都可以发现安全边际的身影。

价值投资中常谈到"安全边际"一词，是一个简单的概念。比如当你买一所房子，你所支付的价格低于评估价值，或者低于别人购买相同大小的房屋所支付的价格，那么你所承担的风险就较小。卖出这所房子时，你可以获取较高的收益。折价买入汽车或股票时，也存在相同的道理。价值投资者总是在寻找大减价的商品，就是股价低于实际价值的股票。买入价格和实际价值之间的差额就是投资的安全边际。我们有很多方法发现安全边际的存在，格雷厄姆主要在三个领域寻求安全边际：

- 对资产进行评估。
- 对盈利能力进行分析。
- 投资多样化。

这些并不是建立安全边际的唯一方法。我们在公司营运资金中、正现金流中、连续分红记录中，都能找到投资的安全性。

基于在美国股票市场的早期经验，格雷厄姆反复强调进行安全性分析的必要性。塞思·卡拉曼对他的股东说，谨慎仍然是投资安全性的一个重要因素。卡拉曼曾说："对突如其来的市场和经济巨变有所准备。无论你所设想的情况有多糟，现实总是更严峻。"

投资的机会在哪里？

毫无疑问，21世纪初期所出现的经济问题将持续地困扰着投资者。巴菲特指出，金融危机不亚于珍珠港事件对我们的影响。正如前文所谈到的，我们所面临的金融危机有不利的一面，也有有利的一面。从不利的一面来说，政府将在相当一段时间里充当一些公司的合伙人。政府参与私人企业经营在其他文化里很常见，比如欧洲的空中客车公司，美国人却难以接受。为了增加税收收入，政府可能会提高资本利得税税率，并加强对金融业和其他行业的监管。有利的一面呢？股东行为变得更加理智，有了更大的话语权；投资者更加注重本金安全；大家都更清楚什么是欺诈；大家都深刻地认识到负债带来的风险。

当我们从2008年的经济困境中幸存下来，经济将进一步全球化，我们会更加依赖科学技术。因此，我们需要去分析这些因素和许多其他的因素，分析它们对投资的影响。

在2008年的经济危机之后，投资者会渐渐恢复元气并蓬勃发展起来。查尔斯·布兰帝在2009年年末告诉我："2009年3月出现的价格极低的投资机会，已经不复存在。然而，只要你有耐性，不担心市场的波动，并且注重公司的长期收益，全球资本市场上仍然存在很多好的投资机会。"

布兰帝还指出，在失败的投资经历之后，投资者开始回避金融、电信和医药等重点行业。但是，正如他所说的，这些都是重点行业，都存在大量的成长机会。

马里奥·嘉贝利曾告诉投资者，在新世纪的第一个10年年末存在很多绝佳的投资机会。比如，美国奥巴马总统重视替代能源的开发，他看到在公共事业中存在着大量的投资机会。和往常一样，嘉贝利投资于财务稳健，且没有任何债务的大公司，同时他也选择

"被忽视和不受宠"的小公司。

查尔斯·道和他的理论

查尔斯·道是《华尔街日报》的创始人和编辑，因对美国股票市场的研究——道氏理论而出名，更不用说以他的名字命名的公司和指数了。

查尔斯·道和格雷厄姆的理论相差不远。他常向读者解释说，股价的涨跌其实是人们对企业未来盈利性的预期。

在1900年5月，他曾经写道："认定价值决定价格，我们的投资就会安全。价值和市场的波动没有任何关系。最差和最好的股票都可能在市场上涨5%，但是，好的股票在持续的波动之后会趋向其实际的价值，而差的股票就好比赌博。"

《道氏理论市场报道》的编辑理查德·罗素解释说："查尔斯·道早年是一名调查记者，主要负责商业和金融领域。很少有人知道，1885年他就成为纽约证券交易所的一员，这让他有机会深入了解市场的运作。1889年，他出版了一份小报——《华尔街日报》。1899—1902年，他为这份报纸撰写了一系列评论，他的评论专栏被认为是关于华尔街最好的专栏。尽管写于100多年前，但这些评论在今天仍然适用。"

查尔斯·道的理论基于市场的买卖信号，强调市场时机。

根据他的理论，当大家开始从众时，这些信号就得以确认。

尽管他的理论也关注市场的变化，但从长期来看不是太可靠。格雷厄姆的研究表明，遵循道琼斯投资理论的投资者在1938—1968年这30年间的收益，还不如直接买入并持有道琼斯工业指数的收益。这也是催生了指数基金的因素之一。

查尔斯·道在1898年成为《华尔街日报》美国股票市场专栏作家，4年后去世。相比他短暂的新闻从业经历，他对投资世界的影响是巨大的。

3

格雷厄姆的投资理论

The Triumph of Value Investing

> 取得令人满意的投资结果,不像大部分人所想的那么困难;但要取得优秀的成绩,就比看起来要难得多了。
>
> ——本杰明·格雷厄姆

价值投资的质疑者，又回到了我们在前面问过的问题：价值投资诞生于20世纪30年代，那时，信息的沟通主要依靠信函、电报，最后才是电话，诞生于久远时代的投资原则还适用于今天的情况吗？在那个年代，美国股票市场还没有直接交易，也没有程式交易。公司有关的信息放在储藏室的档案柜里，投资者根本无法获取。美国市场上外国公司的数量还很少，数学家和统计学家都没有研究出新的股票市场理论。今天，我们生活在一个更加透明、发展迅猛和全球化的经济环境。共同基金、对冲基金等产品真的有更大的优势吗？个人投资者在这样的情形下，该怎么办？

　　情况比我们想的要好很多。巴菲特说，如今，我们的确有了更多的信息来源，而"新信息和新科技其实并不是那么重要"。他还说，我们可以获取关于公司和股票的大量信息，但其实我们根本不会使用这些信息。所以，总是又回到最根本的原则——"选对企业",巴菲特说,"你就踏上了收获的道路"。

正如格雷厄姆在40多年前所指出的,小投资者比掌握和管理大量资金的投资者更有优势,因为资金量较大的投资者容易参与短线交易和程式交易。

格雷厄姆称:"坚持合理的投资理念并得到很好的建议,个人投资者的业绩从长期来说会超过大型机构,对此我深信不疑。当信托公司的选择局限于不到300家企业时,个人投资者的选择会超过3 000家企业。有的投资机构对大型投资者不开放,基于这样的事实,在好的投资机会面前,机构投资者已经被拒之门外了。"

如今的投资者有了更为广阔的投资天地,再加上指数基金和交易所交易基金等新产品,投资者可以拓宽自己投资组合的基础资产范围。

容易掌握的投资原则

当我们意识到巴菲特、泰普利顿、卡拉曼、嘉贝利和其他价值投资的代表人物都很聪明,充满智慧的时候,巴菲特告诉我们,价值投资并不要求一个聪慧的头脑。

他建议投资新手去上一堂课,学习如何购买一个农场。潜在的农场购买者将要学会如何调查不动产、了解经营成本、清楚农场经营的收入来源,以及比较相似的不动产的价格等。如果购买者能以低于将来价值的价格买入，那么这就是一笔成功的交易，也就是说，他与价值投资相遇了。让我们把例子中的农场换成证券，投资就变得很好理解了。"与农场类似，股票的价值投资就是关于（股票所代表的）企业的经营。"

无须过度迷信数学模型

巴菲特说，投资中使用的数学仅限于加、减、除法，最多再加上乘法。格雷厄姆精通数学，但对于股票的相关公式是这样评价的：

> 数学被认为可以计算准确而可靠的结果；但在股市，使用的数学越复杂深奥，我们得出的结论就越具有不确定性和投机性。微积分或高等代数的使用就是警告投资者，死板的理论正在替代我们实际的情况，投机正在穿上投资的外衣。有没有投资者和证券分析员吃了分辨善恶的果子？如果吃了，他们是不是被永远地逐出了伊甸园？可伊甸园的树上挂满了价格合理，并且极具发展潜力的股票呢！

一直以来，太多数学的介入都被认为是很危险的事情。当投资过于强调技术性时，他们就会用数学公式来替代简单的常识。他们都在寻求"乌比冈湖效应"[①],也就是说,所有的孩子都比别人强,那么多的精英在一起,能出什么问题呢?

始于2007年的次贷危机,正是人们对统计和数学模型的过度迷信造成的。

RHJ国际控股公司的首席执行官莱昂哈德·费希尔说:"人们开始相信风险不是很大。他们依靠数学模型计算出准确的数字看似反映了现实,但人与人之间的相互影响,无法用公式计算。"

格雷厄姆的得意门生、卡恩兄弟公司的创始人卡恩曾经说:"成功的投资者和成功的医生一样,必须明白数字所代表的事实,并将这些事实很好地运用于现实生活中。"

巴菲特的合伙人查尔斯·芒格说:"我见过很多糟糕的商业决策,其中一些含有非常详细的数据分析。但太多的数据给我们带来虚假的信息。商学院那么做的原因是它们除此之外别无他法。"

巴菲特紧接着一语双关地说:"只有智商较高的人,才会那么做。"

价值投资的心智训练

对于很多投资者来说,价值投资在挑战人性的弱点。价值投资

[①] 乌比冈湖效应(Lake Wobegon Effect),意思是高估自己的实际水平。——编者注

有可能：

- 和直觉相反。有时你会感觉自己在背道而驰。尽管价值投资者不一定是逆向操作者，但价值投资和逆向投资之间存在很密切的联系。
- 远离为大家所普遍接受的看法。总的来说，大家的态度都是基于企业短期的和以前的业绩，而这些都难以确保收益的长期性。
- 在牛市中缓慢前行，特别是在靠近市场峰值时。当你在鸡尾酒会上碰到朋友，他说他的投资组合收益率已有22%，和自己的18%相比是有些难以忍受。但想想他们可能会成为股票市场群体思维的受害者，你还是该庆幸的。所谓的群体思维就是看法趋于一致，高估群体的智慧，思维日渐狭隘和闭塞。群体可以人为地抬高股价，也可能在股价下滑时变得惊慌失措。所以，问题的关键是，你朋友的高收益率和你的收益率相比，有多大的安全性？
- 要持有一定的现金等待好的投资机会。在通货膨胀时期，既要通过投资来抵御购买力的下降，也要持有一定的现金等待好的投资机会，这样的安排的确是有些困难的。
- 不要在意出现的损失。价值投资者都很清楚，自己或许不是在最低点买入，也不是在最高点卖出。实际上，在价值投资中，的确出现了快速买卖的趋势，但这不足以成为价值投资的障碍。不要让贪婪把你推进高风险的旋涡里。你以合理的价格买入，卖出后获得合理的收益，那么不必对没有获得更多的收益而扼腕痛惜。

- 价值投资不如其他投资方法的有趣。研究表明，在截至 2008 年的 22 年里，买入并长期持有标准普尔 500 指数的投资者，年收益率达到 8%。相反，在不恰当的时机买入和卖出个股的投资者，扣除手续费后的收益率只有 1.9%。当然，买入并长期持有相同的股票，是件乏味的事情。

我们列举了价值投资的缺点，这或许看起来很可笑，好像也很容易去克服，它们的确能够减轻行为投资和群体思维的严重后果。对自己负责，不要去随大溜，需要很强的心智能力。

长期持有的投资组合

价值投资的目标之一就是长期持有好的投资。如果你选择了资金规模较小，且易于管理的投资组合，比如只含有 30 只股票的组合，你只需要定期查看以确保它们运行良好，这样的投资不会占用你太多的时间,也不会给你太大的压力。但是近些年来,这个简单的方法却出现了很多问题。

尽管也有人选择维护容易的投资组合,但投资组合的规模牺牲了资产的多样化。买入并终生持有股票获取收益似乎已经不太现实,甚至变得很危险。

"买入并长期持有,和以前的情况已经截然不同了。"惠特尼·迪尔森和约翰·海因斯在《个人金融》杂志中写道,"我们坚决反对频繁的交易行为,但是在这样一个变化日新月异的时代,人们买入股票后就对它置之不理,也存在很大的风险,特别是在技术更新如此快速的情况下。"

迪尔森和海因斯引用诺基亚作为例子。诺基亚曾经是手机市场的标杆企业,"在落后于竞争者几个产品周期之后,诺基亚从市场的顶端迅速跌落"。

稳定和持久的收益

巴菲特说,就股票的期限而言,他最钟爱的是永远持有,但仅限于以极低价格买入的核心股票。在股价疯涨时也曾经一度退出美国股票市场,他自己也无法解释为什么在市场变得一无是处的时候,还一直持有那些核心股票。

美国市场条件有利的时候，巴菲特也会毫不犹豫地投身到短期获利的行列中。

然而，长期以来，格雷厄姆的理念让投资者持续地获得17%，或更高的年收益率，彻底打破了市场的"零和游戏"①中无人能从中获利的观点。固然，投资需要耐心、恒心和热情，对于愿意面对挑战的投资者来说，投资也充满了刺激和回报。

基于一贯的收益水平，一笔100万美元的价值股投资5年之后，将上涨到220万美元，如投资受大家追捧的优质股票，只能得到160万美元，投资于标准普尔500指数也只能得到190万美元。

如果投资的期限增加到10年，价值投资的优势就更可观。10年后的价值股投资上涨到490万美元，而普通股和标准普尔500指数的投资收益分别是310万美元和340万美元。买入并长期持有的策略需要专注和灵活性，它仍然是我们的不二选择。

现代投资组合理论是对价值投资的挑战吗？

现代投资组合理论由经济学家马科维茨在20世纪50年代提出，并一直沿用到20世纪70年代，被视为金融数学

---

① 零和游戏：是指一项游戏中，游戏者有输有赢，一方所赢正是另一方所输，而游戏的总成绩永远为零。——编者注

模型的一大进步。现代投资组合理论涵盖了很多数学的概念，包括均值方差分析、资本资产定价模型和有效市场假设等在高等金融学课程中最常见的内容。其观点是，在任何一个风险值上都有可能建立收益最大化的投资组合。

现代投资组合理论的另一个观点是，投资者永远无法战胜市场，收益高于市场平均水平无非是通过承担高于市场平均水平的风险来实现的。

另外，现代投资组合理论还认为从长期来看，没有人可以比市场表现得更出色，股票市场上演的是零和游戏，任何人最终所获得的无非就是平均收益而已。

同时，该理论还指出，当股市不景气时，承担风险的投资者们将无处可逃。

尽管现代投资组合理论被共同基金和对冲基金的经理们广泛使用，像巴菲特这样的独立投资人也提醒我们，现代投资组合理论要求详细的分析，并使用复杂的对冲和其他方法，似乎不是很见效。

始于1998年的美国长期资本管理公司（LTCM）的失败印证了该理论的缺陷。

美国长期资本管理公司是一家对冲基金公司，在高负债的情况下使用固定收益套利、统计套利和配对交易等方法。由其前副总裁约翰·麦瑞威瑟于1994年创立，在此之前他曾担任所罗门兄弟公司债券交易部主管。该基金的董事会成员中包括很多知名的投资人和专家学者。

美国长期资本管理公司在创立之初曾取得年收益率达40%的骄人业绩，但在1998年俄罗斯金融危机爆发之后不到4个月的时间里，损失就攀升至46亿美元。

美国长期资本管理公司的损失引发了市场的剧烈震动，美联储监管的大银行和投资公司共同出资对其施以援手，然而在2000年年初，它仍然难逃倒闭的厄运。

说到底，现代投资组合理论在实际运用中并不成功。投资成功依赖于投资人的态度、方法和决心。对大多数投资人来说，与其使用复杂的方法和策略或依靠市场的平均水平，不如去投资冷门的股票，并等待市场慢慢承认其价值。

4

金融市场的反应

> 我们眼睁睁地看着发财的机会,但还是决定置身于混乱之外。
>
> ——佚名

大家都喜欢观察股市指数的波动，各种媒体，你都可以看到关于股市的报道。"印度的一辆火车今天发生了撞车事故，也会引起美国的股价下跌。"其他原因或许是美国总统感冒，或者是英国正经历极端大西洋风暴，苏联的卫星城市发生恐怖事件等。股市观察员们会谈到8月效应（美国股票市场通常在8月会出现下滑，或许是因为华尔街有很多人都在休假），10月效应（万圣节前的美国股市会变得惨不忍睹）和总统效应（民主党在选举中胜过共和党时，美国股市会表现好得多），但没有谁可以准确地预测股市的发展方向。我们认为会影响股市波动的原因，往往和投资本身没有什么关系，或是关系很小。于是，所有的影响因素都只会造成股市的短期波动。

当然，我们知道市场对这些影响因素也会产生一定的反应。有时，一些小道消息会让平时理智的投资者变得极度兴奋或陷入恐慌，这其实只是人们不同形式的疯狂而已。"最好就是对各种消息置之不理,在嘈杂中坚持自己长期的、最基本的计划。"查尔斯·布兰帝说。

市场周期

通过对各种图表的观察,股市似乎的确是在波峰和波谷之间来回移动。查尔斯·道在100多年前就提到,股市和世间万物一样,呈现出有规律的变化。市场的运动存在着一定的节奏。首先,市场每天都在波动,长时间的日常波动会持续30~40天,而每月的市场变化就会形成持续4~6年的牛市或熊市。

"我们确信市场存在三种非常清晰,而又相互适应的变化。"查尔斯·道指出。

当我们仔细观察股价时,很明显,每只个股都存在着自己特有的周期,股价有时会随市场而变化,有时又不是。但和其他个股一起,它们会形成一个市场浪潮,就像水滴可以汇聚成为汹涌的波涛一样,这些个股推动着市场前行。遗憾的是,波涛的来临无法预测,市场充满动荡,有时是风暴,有时甚至是无法控制的波涛。

尽管股票分析员似乎常把我们带入歧途,绝大多数的评论员,尤其是那些常在电视上分析股票的评论员,也使用两种方法来形成自己的观点,或是根据市场或某只个股的历史数据,或是对影响企业赢利和投资者态度、汇率、收益率、产业周期,或是经济政治状况进行大胆预测。而这两种方法对市场的判断，远不能说是科学和可靠的。

而且，这两种方法也都不能确保安全的收益率，也无法根据市场的新情况进行调整。所有的信息都公开，然后由分析员来判断是对还是错，仅此而已。

正如我们前文所提到的，市场的确存在周期性。《投资者商业日报》创始人威廉·欧奈尔说过，自19世纪80年代有记录可查以来，曾出现过27次大的市场周期。"历史经常会重演，因为人类还在，供求定理也还适用，它们一直在市场的舞台上扮演着自己的角色。"他说。

对于长期投资者来说，市场的周期性变动毫无疑问就是投资的好机会，在优质企业的股价下滑时买入，当股价被高估时卖出。没有什么比2007—2008年的市场巨变给我们的教训更大的了。然而，这个事件还有更深层次的原因，如信贷市场上的不良行为和金融衍生品业务的泛滥等，市场狂热时人们的追捧和市场萧条时人们的恐惧又进一步起到了推波助澜的作用。

变幻莫测的股市

本杰明·格雷厄姆用了"市场先生"来描述股市。他说，我们假设"市场先生"是你公司的合伙人,他是个演员,头发飞舞,衣衫褴褛,随时出现在我们身边,在市场出现危机时,脾气异常暴躁。

每天,他都会冲进办公室,告诉你要买入你的股票或是卖出他的股票。如果一直这样,他对股票的出价会越来越高,从而使自己陷入一种癫狂状态。当他心情不佳时,价格也会随之下滑。与他的行为一样荒唐的是,你自己开始不由自主地期待他每天的报价。这样的合伙人不会推动股市,他就是股市,你可以选择投资或撤回投资。

"人的本性和心理,以及供求定理不会改变。"威廉·欧奈尔再次强调,"人们总是习惯于追涨杀跌。"

虽然不介入市场的纷乱繁杂,但价值投资者并没有完全无视市场的变化。格雷厄姆建议投资者始终保持冷静,在考虑"市场先生"的报价时,要综合考虑所有可获得的信息。

"投资者最根本的兴趣在于以合适的价格获得并持有适度的股票。市场的波动对投资者来说至关重要,因为它为投资者不停地提供适于买入的低价和停止买入的机会,甚至是适于卖出的高价。"格雷厄姆曾这样写道。

投资者明白以下两点很重要,可以使投资变得更加安全:

- 市场的价值和实际价值往往都很不一致。这个差异有时微小如裂纹，有时深邃如峡谷。
- 市场的价值在偏离实际价值后，会自动调节。被低估或高估的股价都会向着实际价值的方向移动。

市场时机和价格

面对股市不停地上涨或下跌，有两种方法应对，要么选择市场时机，要么选择市场价格。

选择市场时机的投资者会运用技术指标和经济数据预测市场的发展方向，寻找买入股票的最低值和卖出股票的最高值，有时也会根据市场的变动选择相应的共同基金产品。

股票的定价方法

正如它的命名一样，对股票进行定价的投资者会在个股价格合适时做出购买行为。股票的市场价格基于市场的供给和需求，需求高涨时推高价格，需求收缩时拉低价格。逆向投资者和价值投资者对股票进行定价，一部分是因为他们所寻求的股票是大家所不关注的股票。

意识到不可能对市场时机进行准确判断之后，格雷厄姆开始了基于市场定价的市场行为。他在股价下跌和股价被低估的情况下买入股票，而在股票和债券价格超过实际价值时卖出。在大多数这类交易中，我们发现，价值投资者总是在市场波动之前就已经采取了行动，而不是市场波动之后。

对市场时机的预测是无效的

查尔斯·道在1902年的专栏中写道："市场的峰值和底值出现之后，人们才清楚到底何时是最高点，何时是最低点。人们有时去猜测峰值和底值的到来，但这些猜测没有什么实际价值，在华尔街有个说法，只有愚蠢的投机者才会在最低点买入，在最高点卖出。有经验的投机者都明白，没人可以准确和恰当地做到这件事情。"

巴菲特说，对于大多数的投资者来说，对市场时机进行判断是一个巨大的诱惑。他常常发现他所称的"灰姑娘综合征"，"投资者高高兴兴地去参加舞会，明知道南瓜变成的马车在午夜12点一定会出现，但每个人都想提前5分钟离开，假装什么都不会发生"。

"一个纯粹的价值投资者不会去寻求股市的最高点。"戴维·伊本赞成地说，他是资金量达574 000万美元的纽文国际价值投资基金的经理。2008年金融危机发生的前3年，他为客户确保了17%的平均收益率，2008年他的收益率下滑了32%，在2009年又恢复元气，涨幅超过 40%。

总是很吃惊

作为一名价值投资者和基金经理，查尔斯·布兰帝说："我一直都在说，现在也还要说，价值投资者或推而广之，所有的投资者面对市场的短期波动时，都会感到吃惊不已。"无论你预测股价会怎么上涨，它一定会上涨得更多。即使是像我一样的价值投资者，面对将来的股价波动，也做不到平静地接受，这似乎向来如此。

当日交易

在市场波动中通过快速交易来获利，当日交易在给我们带来了幸福快乐的同时，也带来了阴霾。正如它的名字，当日交易的本质就是对市场时机的选择。随着电脑技术的进步，当日交易的魅力与日俱增。

市场无时无刻不在挑战人性中潜在的赌瘾，很多机构都会向你描述一个你穿着睡衣坐在家里，通过短线交易过着优雅和富有的生活场景。与此同时，这些机构却不动声色地向你推销培训、软件和技术，从中获得暴利，有时甚至高达 45 000 美元。

因为匿名和隐私的关系，没有人清楚市场上当日交易者的人数，但的确有人以此为职业，他们大多为投资公司工作，但职业生涯都很短暂。研究表明，待在家里使用投资软件的投资者，业绩赶不上其他投资者。大量的研究表明，70%的当日交易者都在亏损，而且大多数都丧失了本金。在投资失败后，他们往往变得一无所有。

和所有的投资者一样，当日交易者也必须考虑投资的成本和费用，包括税收和机会成本。

Investor Home Web网站解释了这些因素是如何相互作用的，"比如，当日交易者罗瑞有12.5万美元的本金，目前每年有10万美元的薪金收入，辞职在家专职从事股票的短线交易。他打算留出2.5万美元作为6个月的生活费，而把剩下的10万美元都投入股市。半年后，本金损失1/2，还剩下5万美元，而且先前工作所能获得的5万美元的薪金也没有了，他成为当日交易者后的损失到底是多少呢？答案显然不是5万美元。"

除了在股市短线交易中损失的5万美元，我们还要考虑他辞职后所损失的薪金5万美元，以及这5万美元薪金在保证本金安全的前提下，进行投资的收益。

有些短线交易者的情况远比罗瑞糟糕得多。很多人借款进行投资，也就是负债投资，用借款来赌博。当他们账户亏空时，也就是个人深陷债务泥淖之日。

当日交易很危险：它占据了你大量的时间和精力；给你带来无

处不在的压力，获利时也不例外；而且，短线交易的收益很少会高于价值投资，也可以说买入价值被低估的股票，静静地持有，直到股价超过实际价值。

即使短线投资已经不如传统意义上的当日交易那样频繁，巴菲特也非常反对频繁的短线交易。"如果短线交易者也算是公司的'投资者'，那我们可以把一夜情称为'浪漫'了。"

"人们都自以为可以在股市'翩翩起舞'，轻松获取收益，别忘了，交易都是有风险的。"巴菲特说。很多投资者因无法抗拒最后一支舞的诱惑，为此付出了沉重的代价。

"你是否具备单日交易者的特质呢？他们都具有很强的竞争力，并且喜欢冒险的刺激性。"巴菲特补充道，"不愿意承担太大压力的投资者也不必担心。你可以通过价值投资获取更高的收益，而且你丧失本金的风险也会降低很多。"

证券业务律师菲利普·菲金说："对于普通的投资者而言，当日交易根本就不是投资，而是赌博。如果你真想赌博，不如去拉斯维加斯，至少那里的食物要好得多呢！"

短线交易

近些年来，很多对冲基金和机构投资者都开发了股票交易的程序。对于部分机构而言，短线交易是保持竞争力的方法。因为交易金额巨大，每股价格微薄的获利空间都可以带来巨大的收益。

然而，也有各种各样的对冲基金使用复杂的方法，对短线交易的股票进行套利，尽管套利的空间有时只是很小的价差。这些短线交易瞬间就可以完成，对股票的持有短到只有几分钟。此类交易在美国交易所逾100亿美元的日交易量中，已经占到61%。

短线交易的支持者宣称，正是频繁的短线交易改善了市场的流动性，而使所有的投资者受益。反对人士很担心的是，短线交易的资金规模巨大，以至于一个微小的失误或计算上的偏差都有可能给美国和全世界的经济带来灭顶之灾。这样的担心不是多余的，在自动止损交易被滥用的1987年，美国股市曾在一天之内暴跌22%。

然而，对多数投资者而言，每股一美分或两美分的损失对总体收益的影响不会那么大。短线交易脱离了市场的基本面，它们会在市场形成一阵阵的风潮，但不会持续左右市场的发展方向。

观察牛市的发展

2007年年初，美国股市显示出过热和疯狂的典型特征：

- 股价出现历史新高。
- 股票的市盈率急剧上升。
- 与债券收益以及一贯的分红情况相比，股息收益过低。
- 融资投资风行，投资者纷纷融资融券进行股票投资。

在这样的市场条件下，通常会涌现出大量的新股发行，尤其是那些经营不善的公司或尚未赢利的新公司。人们普遍乐观，并愿意接受新发股票的较高价格，为公司的首次公开募股创造了极好的机会。

牛市的巅峰

前文提到，没有人可以准确地判断市场的顶峰何时到来。经济衰退的开始和结束，我们都是过后才清楚。

"牛市的高位可能会持续很长时间，然后才一步一步地衰退下来。"《道氏理论市场报道》的理查德·罗素说道。

即便如此，市场的过山车在达到顶峰后会暂停和发抖，让市场陷入忽走忽停的恐惧之中。

这时，有两个好的应对策略：

- 如果你还没有缩减自己的投资规模，立即抛售组合中的证券；确保收益在安全的范围之内，等候市场的冷却。当股价回落到投资的安全边际时，重返股市。这听起来很简单，但很多投资者在股价上涨时，无论如何就是不愿卖出。也有一些投资者过于关注卖出股票的税收费用，因此会犹豫不决。这两种选择的风险，导致股价可能一路下滑，甚至下滑到你根本不能获利，也不会再考虑税收费用的地步。
- 第二种方法是卖出投资组合中表现欠佳和明显高估的股票。继续持有优质股票。当市场回归到正常水平时，买入适当的股票补齐投资组合中的缺口。

当然，这两种方法都需要决心、原则性和耐心。

回到正常区域

查尔斯·布兰帝提醒我们，2008年的金融危机起源于次级贷款市场的坍塌，及其向其他信贷领域的迅速扩散。他说，市场上不乏金融危机的前兆，但对问题的重要性估计不足使自己错失很多良机。"我觉得我看出了大部分的问题，但没有看出问题的全部。"布兰帝说，"你可以看到一些很明显和愚蠢的事情发生。我在2005年开始寻求房地产的机会，那时市场已经有些不可理喻了。但是所有人，包括银行家和次级贷款借款人，都持有相同的假设和判断，认为房地产市场会保值并继续上涨。我认为他们的假设过于荒唐，所以远离了银行业和房地产业的股票。结果，我错过了很好的时机，房地产果然在继续上涨。我们离开得早了一点，正如价值投资者一贯的选择。"

寻找好的投资机会

布兰帝说："总的来说，对市场时机进行判断是投资者容易犯的错，在房地产市场尤其危险。这需要很大的耐心，而人们往往就是缺乏长期的耐心。"

在2008年年末布兰帝写给投资者的信中，曾谈到价值投资的机会。成千上万的优质股票，价格都非常低，包括谷歌、苹果、英国石油公司和丰田等大公司。

好的投资机会稍纵即逝，但还有一些低价股票会在市场上停留很长一段时间。布兰帝说有足够耐心、关注长期收益、不担心市场波动和乐意把投资全球化的投资者，会发现很多投资机会。为提高各类投资基金的实力，并确保其可持续发展，布兰帝选择了暂时陷入困境，但和生活息息相关的基础行业，如医药业和电信业。

"银行业是很好的例子。我们需要银行,银行必须贷款才能生存。如果你寻求的是 3~5 年的中期收益,那么市场上有很多好的投资机会。"当然,布兰帝也提醒说,在分析银行股票时必须实事求是。"银行高负债经营的局面将会有些变化,会被要求充实资本金,这就会降低投资的收益率。"

他的建议适用于经济周期的特定时期,但在任何时候,在投资时具有前瞻性都是正确的。我们不太可能对将要发生的情况和情况发生的时间进行准确判断,但常识会指明正确的方向。我们还可以从过去发生的事情中吸取教训,避免历史重演。

熊市特征

熊市的最低点和牛市的最高点都很难被发现。随着股价的不断下滑,专家也不断质疑市场是否已经触底,有的甚至勇敢地宣称,目前的情况就是市场的最低点。

当然,股市最低点的出现的确有一些迹象可循,如市场指数创历史新低,以及企业的资产负债表、利润表、市盈率、股息收益率等量化指标,也有相应表现。

此时,不管股价有多低,心情沉重的投资者都不愿踏入股市半步。

股息收益率

　　股息收益率，就是公司股利和股价的比率，一直以来都用于衡量投资的周期。股息收益率理论认为，对于长期分红的公司，研究它的股利水平就可以判断其股价是被低估还是被高估。如果股价很高时仍有大量的买入行为，说明股息收益率将会是历史最低点，而股息收益率会随股价的下滑而上升。比如，在股价为每股 100 美元，股息分红为每股每年 5 美元时，股息收益率为 5%。当股价上涨到每股 200 美元时，股息收益率就降至 2.5%。而股价下滑到每股 50 美元时，股息收益率又上涨到 10%。只要公司披露信息时的附注说明是真实可靠的，当股价下跌、股息收益率上升时就是投资的好机会。有些历史悠久的公司会有可预测的股息周期，投资者可以用来指导自己的投资行为。

　　和个股一样，道琼斯工业指数的股息收益率也是和股价呈反比变动的。道琼斯工业指数的股息收益率通常在股市低迷时的 3% 和股市强劲时的 6% 之间徘徊。1994—2007 年出现了特殊情况，股息收益率跌破至 3% 时，股价上涨的趋势竟然发生了逆转。尽管道琼斯工业指数的变动有时也会突破这个界限，每只个股都有自己的股息收益周期，股息收益率和股价呈反比的规律仍然存在。如今的市场持续了很长一段股息收益率较低的时期，因此当股息收益率开始上升时，市场将会发生剧烈波动。

很多公司在收益不佳时，会限制股利的发放，反之亦然。因此，股利分红的提高说明公司的日渐成长。但是，在牛市，信心满满的投资者并不在意股利分红的多寡，而更关注股价的上涨。很多新公司会把经营利润进行再投资，全部留存在公司内部作为经营资金，这是它们该做的，可投资者就不能享受股利分红了。

2008年年中，美国股市开始慢慢好转，出现大量股息收益率较高的股票。在美国的各大交易所挂牌并进行股息分红的上市公司超过1 200家，40%以上的公司股息收益率都超过了5%。受评级业务困扰的麦格劳·希尔公司就是其中之一，而当时美国的国债收益率不足4%。然而，就在同一年，随着股价上涨，股息收益率降至2.8%。

合理的股息收益率是公司内在价值的一种表现，本身也创造了安全边际，但对股息的判断还是要和其他数据进行对比分析。为确保安全的股息收益，我们应该寻找负债较少、现金流充足、收入和利润都在上涨的企业。

我们会在第十章再次谈到股利的相关内容。

投资的时机再次到来

当股价上涨给大家带来安全边际的时候，人们都是兴高采烈的。连巴菲特都说自己每天都是高高兴兴地跳着踢踏舞去上班的。

巴菲特向投资者解释了2008年所发生的情况:"市场的混乱让每个投资者都搭了一趟顺风车。在我们的保险投资组合中,我们以普通市场情况下不可能争取到的价格和条件完成了三笔大额投资。但在投资的世界,悲观是朋友,狂热是敌人。"

勇敢做出投资决策的人们得到的结果并不比那些犹犹豫豫的投资者强多少。既是作家,又是投资者的詹姆斯·格兰特曾经说过:"在生活中,人们都是在低价时买入;而唯独在股票和债券市场,人们似乎总是追赶着高价买入。"

市场低迷时,不要泄气

2008年10月,巴菲特在《纽约时报》上发表文章,鼓励人们重返股市。他以自己为例,称他已经开始购买美国的股票了。为什么呢?"当别人贪婪时请务必心怀敬畏,而当别人都畏惧不前时,可以适度地放开手脚。"他建议大家,"毫无疑问,如今恐惧还在蔓延,有经验的投资者都在抱怨。对于负债过高或没有市场竞争力的企业,我们应当毫不犹豫地提高警惕。对优质企业的长期发展,我们也不必心存疑虑。一直以来,它们在经营中会出现一些暂时的困难,但10年或20年之后,它们中的多数企业又会创造更好的经营纪录。"

巴菲特也承认，自己或许比市场先行了一步，他新买入的股票都要等很久才会上涨，可又有谁清楚，市场什么时候才会猛地转身呢？好的投资机会出现时就马上行动："如果你想等知更鸟来报春的话，恐怕要等到春天都过去。"

戴维·伊本说："投资先行一步总比晚行一步要强得多。即使先行一步会遭受一些损失，这句话也是正确的。"

巴菲特强调，市场疯狂时投资者保持镇定的重要性，你应该坚持到底。"如果在几年前你就拥有几家公司的股票，它们两年前很稳定，那么它们现在也会很稳定。不必用其他人的错误来毁掉自己的投资。"

查尔斯·布兰帝告诫他的客户："投资不仅仅是按照原则行事，还要不断反思自己的投资决策。"

政府雇员保险公司的传记

美国政府雇员保险公司的故事对资本主体进行了最好的诠释。作为最杰出的公司之一，它的股价波动给巴菲特坚持的价值投资带来了不止一次的投资良机。

得克萨斯州的里奥·古德维和妻子在大萧条时期创立了政府雇员保险公司，在此之前，他是一名保险公司的会计，他认为可以创立一家低风险的汽车保险公司向政府雇员直销保险。他注意到，政府雇员的出险率较低，购买意愿较强，所以他们是保险的优质客户。里奥·古德维以 10 万美元的资金，于 1936 年在得克萨斯州创立了公司，资金的 75% 来自沃斯堡银行家克里夫斯·瑞。一年后，公司迁往华盛顿。不到 4 年，公司就开始赢利。

1948 年，瑞一家决定出售他们在公司的股份，当时的华尔街并没有向他们抛出"橄榄枝"。公司的一个代理找到格雷厄姆·纽曼公司时，情况发生了变化。本杰明·格雷厄姆立刻敏锐地意识到政府雇员保险公司的价值，看到风险的同时，他认为公司有巨大的成长潜力，收购政府雇员保险公司需要大量资金，动用公司 25% 的资产去完成收购，让他紧张不已。

最终，他克服了自己的疑虑，以 72 万美元收购了瑞在政府雇员保险公司的股份，相同的股份在 1995 年转让给巴菲特时的价格是 23 亿美元。

然而，格雷厄姆犯了一个错误，虽然不是财务上的错误。在那时，投资公司不允许持有保险公司的股份超过 10%。美国证券交易委员会要求格雷厄姆取消收购。瑞不同意收回已转让的股份，格雷厄姆向美国证券交易委员会提出了一个解决方案，把所收购的政府雇员保险公司的股份通过格雷厄姆基金卖给投资者。

紧接着，政府雇员保险公司以每股 27 美元在纽约证券交易所上市，公司后来衍生出的子公司也把股票卖给投资者，公司的股票被拆分了无数次。据估计，1948—1972年，政府雇员保险公司的股价上涨了280倍。

在20世纪70年代，格雷厄姆和他的合伙人杰瑞·纽曼决定退出政府雇员保险公司董事会。格雷厄姆指定沃伦·巴菲特接替他，可董事会不同意，因为他们认为巴菲特持有其他保险公司的股份，这和政府雇员保险公司形成了利益冲突。事实证明，这不是一个明智的决定。

巴菲特在哥伦比亚大学向格雷厄姆学习时，就对保险公司情有独钟。1951年，他跳上开往华盛顿的火车，去参观各种各样的保险公司，开始了自己对风险和保险业务的启蒙教育。他一直把保险公司的股票置于他所称的"核心竞争力圈"。当时巴菲特以7 000美元，他个人65%的净资产投资政府雇员保险公司，后来在最高价时抛出了这些股票。

1973年，政府雇员保险公司的股价约为每股60美元，在1976年曾暴跌至每股5美元，当时的管理者自杀了，而这位管理者正是创始人的儿子。

看到了第二次机会的到来，巴菲特再次入资政府雇员保险公司，以每股3.18美元的平均价格买入了130万股。随后，巴菲特持续买入政府雇员保险公司的股票，直至拥有公司51%的股份。1996年，巴菲特自己的公司伯克希尔·哈撒韦公司，以略低于账面价值的价格买入了政府雇员保险公司其余的全部股份。

1995年，政府雇员保险公司成为全美第六大汽车保险公司，2000年跃居第三位。同期的市值从27亿美元涨到96亿美元。巴菲特说，"在伯克希尔公司拥有政府雇员保险公司的14年中，它有13年都是赢利的。"

5

风险和回报

The Triumph of Value Investing

布兰帝投资公司

在如今的市场条件下,回避风险是自然的反应。我们都在寻求风险和收益的合理平衡。

在不同收入水平、不同年龄段，以及其他不同的条件下，投资者可以承担多大的风险，我们已经有很多的理论。互联网甚至计算器都可以计算，特定条件下我们购买股票的比例或数值。几乎什么事情都有贝塔系数①。这些计算对我们有一些帮助，至少它给我们一定的方向感，但也可能成为一种干扰因素，因为它掩盖了我们的常识判断。

平衡风险

　　21世纪迄今为止，我们最大的教训就是应当寻求财务的健康和平衡。股票投资只适合于一部分投资者，他们的财务基础稳定；住房

---

　　① 贝塔系数是一种风险指数。用来衡量个别股票或股票基金相对于整个股市的价格波动情况。——编者注

抵押贷款金额适当；每月可以按时付清信用卡账单；在流动性较好的储蓄账户，货币市场基金或短期存款单中留足至少6个月的生活费用。另外，你还应该在诸如公司401（k）计划①或罗斯个人退休账户等享受税收优惠的退休金账户中，尽可能存入法律所允许的最高金额。

另外，同样重要的是，著名投资顾问苏茜·欧曼曾说道："我们必须非常清醒，正如我一直强调的，在买入股票之后，你至少10年或更长的时间都不需要进行交易。"这个建议或许过于保守，但很有价值。想想我们的住房市场是怎样迅速倒塌，股票市场马上就会步其后尘，再想想怎样挽救失业的人吧！

我们已经习惯于一个平稳的股票市场，以至于我们都忘了要保护好自己。面积小的住房，减少国外旅行和较少的投资回报，对我们来说都变得很陌生。沃伦·巴菲特常常警告我们，财务的第一个原则就是不要损失本金，而第二个原则就是记住第一个原则。他的话不仅仅适用于股票市场，还适用于我们生活的方方面面。

对风险的了解

我们天生就知道什么是风险。一般来说，年轻人比老年人能承

---

① 401（k）计划：一种由雇员、雇主共同缴费建立起来的完全基金式的美国养老保险制度。——编者注

担更大的风险。年轻人有时间纠正自己的投资，并把损失赢回来。收入较低、储蓄较少的人对风险的承受能力显然低于那些现金充裕、没有债务，并持有大量应急资金的人。你越急着投资，就越是应该谨慎和保守。

我们都清楚数学是很好的工具，但它也会导致我们过度自信。最好的例子就是华尔街和定量分析的故事，尤其是著名的"线性相依关系模型"，被《连线》杂志称为"毁掉华尔街的模型"。

经济学家李祥林发明了线性相依关系模型。2000年，他在《固定收入学报》上发表了题为《违约的相关性：相关函数方法》的论文。他所提出的公式，是一种计算风险的简便方法，迅速风行于债券投资者、大银行、对冲基金、证券交易商、评级机构，甚至监管机构。公式被用于评估不动产贷款证券的风险，给那些业内人士足够的信心去将股票、债券和各种各样的资产打包成为有抵押的债务工具。可问题是，这一公式是基于对波动频繁的金融工具的分析，却从没有在现实生活中被检验过。

包括李祥林在内的很多经济学家，都警告过这一模型存在风险，但大家都充耳不闻。毕竟函数的公式看起来很不错，而且是用电脑计算的，披上了现代化和科技化的华丽外衣。

"李祥林不应当受到指责。"信贷观察公司的凯·基尔克斯认为，"毕竟，他只是发明了这个模型。真正该受到指责的是那些错误理解模型的银行家们。即便如此，真正的危险不是因为有一部分人使用了函数，而是所有人都在使用。金融市场，当所有人做相同的事情时，就意味着泡沫和难以避免的破灭。"

当房价开始暴跌，失业率攀升，各式各样的违约争先恐后地涌现时，数万亿美元的资产化为灰烬，全球金融体系危在旦夕。这一系列事件的教训是什么呢？每个专业投资者都不应使用自己不能完全理解的投资方法。金融业务本身就存在风险，风险不能避免，但投资者可以有所准备，密切关注并把风险降至最低。在这个过程中，坚持实事求是的态度会有很大的帮助。

风险和收益的相关性

"有时风险和收益呈正相关的关系……而在价值投资中却恰恰相反。你以60美分的价格去买1美元的资产，风险就比用40美分的价格买入时要高，在后面这种情况下，回报的预期又要大得多。"格雷厄姆告诉我们。

这种推论重新把我们带回到格雷厄姆"安全边际"的概念中，巴菲特坚持这不涉及任何高等数学的内容。简言之，安全边际就是你对基本价值的推断和股价之间的差额。该差额在交易中为负值，就意味着股价被高估。这个差额有时很微小，有时又会变得很大，而这就是我们要寻找的东西。

引用戴维·伊本的话:"我们仍然无法抗拒低于账面价值很多的价格。我们喜欢在市场不利时给我们带来的保护,享受账面价值给我们带来的力量。"

要确保投资的"安全边际"而获得安全收益,我们需要去寻找存在价值的机会。重要产品的库存、引领市场的产品,或是充裕的现金都有可能提供收益的安全性。此外:

- 在市场下滑时买入股票,因为大量股票的价值被低估,2008年年末—2009年年初的美国股票市场就是很好的例子。
- 寻找暂时陷入困境的公司。2008年金融危机之后,对大型银行的股票进行评估和购买的投资者很有远见,事实也证明他们的决定是明智之选。2009年年底,丰田公司开始召回油门存在致命问题的车辆,问题变得越来越严重,到2010年年初,公司累计召回车辆超过800万辆,公司先前的信誉荡然无存。2010年1月19日,丰田的股价为每股91.78美元,投资者意识到问题的严重性后,股价迅速下滑,至2010年2月3日已跌至每股73.49美元,而且还在保持不断下滑的趋势。这似乎是丰田公司受到应得的惩罚。然而,福特和通用汽车两家公司都曾出现过车辆召回的事件,但它们最终还是恢复了元气。价值投资者观望丰田公司,认为对于有耐心的价值投资者,丰田公司是不可错过的好机会。
- 如果股市不景气，去证券交易所寻找被大家忽略的股票。

了解投机

在《安全边际》一书中，塞思·卡拉曼把资产和证券分为两大类：投资和投机。"投资是为了股东着想，但投机不是。"

格雷厄姆对投机的定义稍微有些不同。他把投机看成一种更大或不同寻常的风险。他常说，在了解投机后，投机也是可以接受的。他的意思是，投资者必须知晓自己所面临的风险，尽力去研究，并在为高收益选择承担高风险的时候有充足的理由。

贝塔系数

市场的风险和投资的波动性，都可以用贝塔系数进行衡量。贝塔系数帮助投资者选择和自己风险承受能力相当的投资。

贝塔系数是资本资产定价模型的关键参数。参照市场的总体情况，通常以标准普尔500指数为参照物，用回归分析的方法对个股、共同基金，或投资组合进行定量分析。它说明的是过去5年中，标准普尔 500 指数每上下波动 1% 时，某一个投资工具的业绩表现。贝塔系数超过 1，说明该投资工具的波动幅度超过市场的总体水平，反之亦然。

个股和市场的波动幅度一致，贝塔系数就刚好为 1。当我们得到的贝塔系数为负数时，说明市场转暖时个股还在下跌。

指数上涨 10% 时，股价上涨 20% 的个股贝塔系数为 2，贝塔系数为 1.2 是指个股涨幅比市场涨幅要多 20%。

例如，我们假设 Also-Ran 公司的贝塔系数为 0.7，就是说公司股票的收益潜力只是市场总体水平的 70%。同样，我们假设另一家公司的贝塔系数为 1.3，说明其股票收益的潜力比市场总体水平还要高出 30%。

贝塔系数较高的股票风险更大，收益潜力也更大。低价股往往有很高的贝塔系数，相反，贝塔系数较低的股票就是低风险、低收益的那一类。历史悠久、经营稳定的公司往往贝塔系数较低。

正如你可能会想到的，贝塔系数有可能为零。贝塔系数为零的资产被认为没有风险，如国债和现金。但也不完全是这样；投资工具和市场变动完全不相关时，贝塔系数也会为零。比如我们预测赛狗比赛的结果，但赛狗比赛和股票市场之间的相关性为零，赛狗比赛下注显然不是没有风险的。

生产消费品和必需品的公司，如食品公司和公共事业部门的贝塔系数就较低，因为它们不太容易受到经济波动的影响。而生产或销售奢侈品和耐用商品的公司,贝塔系数会高一些,因为人们在财务状况紧张时,可能会减少购买。较高的负债水平也会提高公司的贝塔系数。

贝塔系数不总是准确地反映投资风险,原因之一是贝塔系数不稳定。另外,贝塔系数的计算是基于历史数据。过度依赖贝塔系数,可能会令人失望。

贝塔系数和风险

巴菲特认为贝塔系数在衡量波动性时很有用,但他也经常强调波动并不能代表风险,也不一定和收益有相关性。

投资经理布鲁斯·葛朗台说:"有很多研究者开始挑战这个理论。市盈率和市净率都较低的价值股票,贝塔系数都较低,但其收益一直比成长型股票更高。这与风险和收益共存的现代投资组合理论恰恰相反。"

包普斯特财务管理集团基金公司的塞思·卡拉曼持有相同的观点,"我认为用反映过去价格变动的数字来描述证券中的风险很荒唐。"

他认为,在衡量风险时贝塔系数有几个缺陷:

- 仅从市场价格的单一角度来衡量风险，而忽略了企业的实际经营情况或经济发展状况。
- 价格水平被忽视，好像 IBM 的股票以每股 50 美元的价格购入，并不比以每股 100 美元购入时的风险低。
- 没有考虑投资者对风险的影响。投资者通过代理权、股东决议、与管理层进行沟通，或是买入足够的股份，以获得公司的控制权并直接影响股票价值。
- 贝塔系数假设任何投资上涨和下跌的可能是一样的，仅仅是投资波动和市场总体波动的函数而已。

"这和我们了解的实际情况不一样。"卡拉曼说，"事实上，证券价格的历史波动不能很好地预测将来的投资业绩（或是将来的证券价格波动），怎么能很好地衡量风险呢？"

查尔斯·布兰帝表示认可，"我们可以测量市场的波动，却无法测量市场的不确定性……把波动定义为风险（现代投资组合理论就是这样）混淆了投资风险的真正含义。真正的风险是指损失的可能性，并非市场的波动。"布兰帝还说，"贝塔系数主要被关注市场总体情况（或市场上大部分股票情况）的投资者所使用，他们并不在意企业的具体情况。正如我向价值投资者所展现的，他们的理论不一定成立，甚至会有很大的危害性。"

巴菲特经常用华盛顿邮报公司的投资来描述风险："1973 年，

华盛顿邮报公司在市场上的售价为8 000万美元。"格雷厄姆也曾经说过,"那时……其资产的实际价值为4亿美元,或许还要更多。如果当时股价继续下滑,公司售价从8 000万美元跌至4 000万美元,它的贝塔系数会更大。如果我们认同贝塔系数可以反映风险的大小,似乎股价越低就会使股票看上去风险更大。这就是真的'爱丽丝梦游仙境'了。"

贝塔系数固然对投资有一定的帮助,一味盲从仍然是不可取的。

明白自己是哪类投资者

任何投资都需要时间和知识,和人的性情也有关系,这一切都要从了解自己开始。

格雷厄姆把主动投资者称为"进取型"投资者,他们有兴趣和能力,有时间来管理自己的投资。

被动型投资者具备相同的能力,但研究股票和债券的兴趣不太大,投入的时间也少得多。格雷厄姆把被动型投资者称为"防守型"投资者。他们一般会购买股票市场的大盘指数基金,比如标准普尔500指数和债券基金。出于投资多样化的考虑,他们可能会在道琼斯工业指数和标准普尔500指数之间分配投资的份额。然而,由于交易所交易基金和指数基金仅仅只是股票市场的一部分,被动型投资者常常要面临更大的风险。格雷厄姆和巴菲特一致认为，投资者和证券市场狂热的赌徒存在天壤之别。

被动型投资者的投资选择

资产约 1.24 万亿美元的先锋共同基金集团创始人约翰·博格，一直都是共同基金业务的先锋和创新者。2009 年，博格非常严厉地批评了他从业约 40 年的金融行业。对于被动型投资者，最重要的投资工具就是共同基金，博格强烈呼吁对金融业进行深入改革，以使个人投资者和整个市场都受益。

博格说："过去的 50 年，机构投资者持有的美国股票……已经上涨了 7 倍之多，从起初的 8% 到如今超过 70%。但在我们新型的'代理社会'，金融中介往往都是持有美国大公司控股权的大集团，它们充当代理人，却没有为委托人的利益着想。实际上，我们身边不乏这样的例子，它们把自己的利益置于委托人的利益之上，而委托人就是那上亿个普通家庭，他们是我们共同基金的持有人和年金产品的受益人。"

结果呢？代理权的滥用更加严重了，包括短期投机、缺乏认真仔细的分析、基金费用飞涨、大量的广告投入等。2007—2009 年，涉及资金达 5 亿美元。因此，博格认为，共同基金根本就没有为投资者提供所承诺的和投资者所期望的安全性和收益性。

博格积极呼吁出台联邦法规，要求投资经理对客户承担更大的受托责任。美国国会开始商议新的法规，但到2010年前后，还没有改革的措施正式出台。

尽管共同基金和股票都充满了风险，但也有例外。包括价值基金在内的很多共同基金，都是不错的投资选择。第一威夏尔证券就是一个例子。第一威夏尔证券各种投资组合的综合年收益率在2000—2010年达到20.3%；而2000年时，罗素基金收益率只有3.5%。普信基金的年净收益率为11.9%，已经保持了近20年。

指数基金

博格在1988年创立了第一只指数基金，从此开创了一个新的行业。他认为低成本的基金是被动型投资者最好的朋友，当然持有这种观点的人不只是他。

模仿道琼斯工业指数

对于个人投资者，不可能去参照标准普尔500指数或其他指数建立一只指数基金。然而，仅仅拥有30只股票的道琼斯工业指数是可以复制的，至少是可以复制它的大部分。

要与构成道琼斯工业指数的股票业绩相匹敌很难，因为指数中选择的股票，根据规模和其他因素都有不同的权重。尽管如此，投资者也可以通过购买相同金额的道琼斯工业指数成分股取得相近的收益。

公司名称	股票代码	所从事的行业
明尼苏达矿务及制造业公司	MMM	企业集团
美国铝业公司	AA	铝业
美国运通公司	AXP	消费信贷业
美国电话电报公司	T	电信业
美国银行	BAC	银行业
波音公司	BA	航空航天业＆国防
卡特彼勒公司	CAT	建筑业＆采矿设备
雪佛龙公司	CVT	石油＆天然气
思科系统公司	CSCO	计算机网络
可口可乐公司	KO	饮料业
杜邦公司	DD	化工业
埃克森·美孚	XOM	石油＆天然气
通用电气公司	GE	企业集团
惠普公司	HPQ	科技
家得宝公司	HD	家装业
英特尔公司	INTC	半导体
IBM	IBM	计算机科技
强生公司	JNJ	医药业
摩根大通银行	JPM	银行业
卡夫食品公司	KFT	食品加工业
麦当劳	MCD	快餐业

续表

公司名称	股票代码	所从事的行业
默克制药公司	MRK	医药业
微软公司	MSFT	软件
辉瑞制药公司	PFE	医药业
宝洁公司	PG	消费品
旅行者集团	TRV	保险业
联合技术公司	UTX	企业集团
弗莱森电讯公司	VZ	电信业
沃尔玛	WMT	零售业
迪士尼公司	DIS	广播电视、娱乐业

巴菲特说:"小额投资者应该买一些指数基金,可以避免你在错误的时机买入股票。对那些不愿花太多时间,又想进入股市的人来说,指数基金是一种低成本的进入方式。投资中最怕投资行为出错,如果你没有出错,那就是对了。"

在美国市场,最好的指数基金就是追踪标准普尔500指数基金,它们也是衡量美国证券市场表现好坏的标准。标准普尔500指数包括了美国最大的500家企业,它们来自各行各业,标准普尔500指数委员会根据"领军行业的领军企业"的原则筛选股票。

巴菲特的长期伙伴查尔斯·芒格常常说,非营利性组织的资金、大学接受的捐赠款项,以及其他组织的资金,都应该投资低成本的指数基金。这样,董事会可以为资金的捐助人节约很多的时间和成本。如果投资收益接近或仅略高于指数基金的收益,考虑了职业投资经理的费用后，占用时间和精力都较少，但收益更好的指数基金是最好的选择。

交易所交易基金

很长一段时间，交易所交易基金取代了传统的指数基金，受到投资者的欢迎。它是一种可以在金融市场通过经纪人进行买卖的指数基金。定投指数基金没有变，仍然和共同基金一样。

有时，交易所交易基金就是整个市场指数的样本，常是由某些特定行业构成。一只交易所交易基金可以代表石油、货币，或是黄金开采等股票。

如果费用较低，享受税收优惠，买入后就长期持有，交易所交易基金就可作为指数基金的竞争者。

交易所交易基金也有不好应付的一面。约翰·博格提醒说，交易所交易基金很容易演变成赌博的筹码。其短线交易的目的就是和市场赌博，它们"只能被称为短期投机"。

"这完全违背了指数基金的基本原则。"博格写道，"如果持有交易所交易基金的初衷是实现最大范围的多样化，那么持有指数基金就意味着多样化的削弱和风险的相应上升。如果投资的初衷是成本最小化，我们持有指数基金的成本的确很低，但不意味着交易佣金和成功获得高收益后的税收费用也会很低。"换言之，指数基金频繁交易推高了交易成本，增加了税收负担，而这些就是当日交易和短线交易最典型的特征。

程式交易是敌人吗？

始于20世纪70年代，程式交易受到了诸多质疑。这个名称本身就很容易让投资者产生畏惧。程式交易就是同时买卖一篮子股票，而不是一次买卖一只股票。通常，这样的大额交易在大型交易所通过电子的方式完成。程式交易占到纽约证券交易所日交易量的10%~45%，但并不会引起价值投资者的注意。通常，程式交易包括重要交易所的股票和该股票在其他交易所的期权交易。这些证券以事先确定好的价格进行买卖。

20世纪80年代，程式交易还是新鲜事物，只要股价上涨过快，大家就归责于程式交易。很多投资者都怀疑，正是程式交易引发或至少是加剧了1987年10月的股市风暴。随后的研究表明，投资者对程式交易的恐惧有些言过其实。对于买入并长期持有，卖出是以价值为衡量标准的投资者来说，程式交易无非就是活跃市场的因素之一，正是市场的活跃才会提供好的投资机会。

金融衍生品

金融衍生品指以股票、债券或指数等为基础而设立的金融产品。尽管金融衍生品日趋复杂化，期权和期货还是最古老、最被人熟悉的衍生品。大多数的投资者并不喜好衍生品，但它们的身影会出现在对冲基金和其他基金中，也常出现在企业的资产负债表上。

总的来说，金融衍生品是不可信赖的。对于这些复杂和神秘的产品，熟练的投资者会运用复杂的公式来计算其风险，如布莱克－斯科尔斯模型。最后，不要说是金融衍生品，就是衍生品的升级产品也救不了他们。

"实际上，最近发生的事情告诉我们，对于一个账面上存在大量衍生品的公司和企业，那些著名的首席执行官（或前首席执行官）根本没有能力进行管理。"巴菲特写道，"遗憾的是，我和查尔斯·芒格也都是他们中的一员。"

尽管因为价格较低而持有适量的衍生品，巴菲特对衍生品通常是敬而远之。他的教训来自1998年买入英国保险巨头综合保险的股票。当他意识到综合保险持有大量危险的衍生品时，决定立即停止承受长期和令人焦虑的风险，不惜以损失4亿美元的代价关闭了公司的相关部门。整个过程是漫长和艰难的。

巴菲特说，政府要求更高的透明度也救不了金融衍生品。"据我所知，我们根本没有一个报告机制可以描述和评估那些复杂的衍生品投资组合中的风险。审计人员无法对衍生品交易合同进行审计，监管者也无法监管。有衍生品交易的公司向美国证券交易委员会提交的 10-k 表格①中，每当读到'信息披露'一栏时，最后都是不知所云。"

金融衍生品可以满足某种需求，但更多被用于欺诈，比如用于规避保证金和结算期的相关要求。对于公司、对冲基金、大银行和其他大机构过度使用金融衍生品，投资者应当非常警惕和小心。

"金融衍生品就像性。"巴菲特曾在一次年会上解释说，"问题的关键不是我们和谁睡在一起，而是他们和谁睡在一起。"

融资融券

从经纪公司借款进行投资并获利，似乎不是那么容易。美联储把借款比率控制在投资额的 50% 以下，但 50% 的融资融券也足以产生很大的问题。2008 年的金融危机很大程度上是由贷款引起的，

---

① 10-k 表格：适用于美国上市公司。需要提交给美国证券交易委员会的年度报告，内容包括公司历史、结构、股票状况及盈利情况。——编者注

这些贷款根本不管你是否真的需要，贷款过程也存在一些问题，而且不仅限于住房领域。

"在纽约证券交易所上市股票的融资融券就超过3 500亿美元。"基金股票投资分析网站在2007年7月披露说，"一个月内新增350亿美元，涨幅超过10%。融资融券业务的迅速发展提醒投资者关于杠杆投资的风险。"

本杰明·格雷厄姆关于融资融券的警告来源于自己的亲身经历。1929年的危机在格雷厄姆的意料之中，但其严重性和持续时间却在他的意料之外。他对自己的很多投资都进行止损处理，谨慎买入优质股票的同时，却随意使用融资融券。当补仓滚滚而来时，他无力应对。他和合伙人杰罗姆·纽曼在没有收入的情况下苦苦挣扎，直到账户扭亏为盈。这是他们永远也不会再犯的错误。从此以后，他们不再使用融资融券。很多明智的投资者也吃过融资融券的苦头。

世界通信公司总裁伯尼·埃伯斯创造了美国历史上最大的公司欺诈，在政府介入公司经营后，世界通信公司也陷入了补仓的狼狈境地，已经摇摇欲坠的王国开始坍塌。出于对世界通信公司的感情，他以自己持有的股份为抵押，不断地购入公司的普通股。当世界通信公司的股价下滑，他突然要面对补仓的压力。他本可以转让股份来清偿债务，但世界通信公司董事会拒绝对他转让内部股份给予授权，因为他们担心如果传出去是埃伯斯被迫转让股份，那么其他股东也会争相抛售，而使股价进一步下滑。

使用保证金进行融资融券不一定是坏事，但使用时一定要非常谨慎。投资者必须具备补仓的能力，而且在补仓时不必抛售投资组合中的优质资产。

价值投资要点

"成为一名杰出的长期投资者，就必须积极寻求卓越的投资业绩。如果你有工作和家庭，没有时间和能力去进行证券分析，或者你不具备积极型投资者的行为特质，这将会变得异常困难。"查尔斯·布兰帝建议。他还补充，"但我还是愿意自己成为具有竞争力的投资者，我始终认为具备基础知识和必要的行为特质，积极进取的投资者有很大的优势"。

在建立投资组合时，按照如下的原则入手：

- 制订符合自己年龄、时间安排、收入水平和性格的投资计划。
- 自己进行分析研究，并相信自己的决定。
- 避免贷款、投资多样化和建立安全边际，是保护投资成本最低和最有效的方法。

- 股票或市场波动时不必惊慌失措,所持有的股票或整个市场都疯狂时却不能掉以轻心。

"新的投资机会和新的投资产品,都要回到市场才能遇见,市场为我们提供服务,但不会教我们怎么做。"巴菲特提醒我们。

正如卡恩曾经说的:"在格雷厄姆的保守主义和专业投资家巴菲特的智慧之间,还有很多种选择,总有一种适合你对风险回报的看法、资金情况和你的生活方式。"

你是投资者还是投机者?

很多投资者都不明白赌博的本质,也没有意识到自己有赌博的倾向。有如下特征的人们,以为自己在投资,实际上他们是在投机:

- 冒着风险进行投机,导致资产的重大损失。
- 产生损失后继续投机,或是产生损失后无法停止继续投机。
- 为进一步投资开始举债。
- 行为变得古怪,反复无常,不可理喻,或是交易过于频繁。

康涅狄格州问题赌博协会提供了防范赌博的指导原则。

几乎所有这些原则不仅适用于赌博，也适用于证券市场上失控的交易行为：

- 不要动用日常生活费用。
- 控制投资金额。设定可承受范围内的损失限额，损失超过该限额时应立即停止投资行为。
- 亏损后不要恋战，避免更大的损失。
- 有计划地把收益的一部分用于其他用途。

关于赌博和投资的更多信息，以及你认为自己有需要帮助的问题，可以参考康涅狄格州问题赌博协会的网站。

躲开欺诈者

真正的价值投资者在投资之前，一定会对证券认真地了解，并且不太容易受到像伯纳德·麦道夫这样的金融欺诈者和其所实施的欺诈行为的影响。庞氏骗局和其他一些欺诈的例子并不会动摇股票市场，因为欺诈者根本没有在市场上进行投资。而公司的财务欺诈是个例外，我们在后文会谈到这个问题。另外，注意如下的警示很有必要：

- 你的理财顾问负责保管你的资产。只要他高兴，就可以任意进行买卖，甚至顺手牵羊。
- 持续的回报是不现实的。定期检查一下你所投资股票的回报情况，对远超出正常范围的回报提高警惕。
- 你认为自己不懂投资，而理财顾问告诉你，对于你这样的普通人来说，投资的确太复杂了。但恰恰是他们把投资复杂化了。
- 投资是感性的行为。你常常要面临迅速决策的压力，而理财顾问会用甜言蜜语使你觉得自己正进入的是一个高级会所。
- 投资行为聚集了大量狂热的投资者，他们可能是朋友、家人或宗教组织。教会组织很危险，因为教会是让我们放下防备，开始建立信任的地方。
- 对企业的调查和研究其他人都做过了，你只需要听从他们的建议。
- 网络或电话里收到陌生人的报价。对于投资者，网络是很好的工具，但就像其他有用的工具（如电锯）一样，也可能会被滥用。金融欺诈者通过网络用"新瓶装旧酒"，把很多老的招数用网络包装成现代的产品，最好的例子莫过于庞氏骗局和老鼠仓。

怎样避免投资欺诈

- 远离那些你不明白的产品、计划和投资工具。
- 放弃高风险的股票和债券。
- 在投资前,对你的投资顾问进行一定的调查和了解,向监管机构咨询。如发现投资顾问是独立工作或是和一小群人一起工作,调查要尤其仔细。确保你的投资一切正常。他所购买的证券是被批准、登记过,正规上市的吗?投资顾问有投资欺诈的前科记录吗?
- 投资出现问题时要相信自己的直觉。你的直觉往往是对的,所以听从它。

怎样应对金融欺诈

- 向监管机构报告,并提供信息和可能的帮助。
- 监管机构对欺诈和应对欺诈都有很多好的建议和指导。

6

资产负债表

The Triumph of Value Investing

投资领域是科学和艺术的完美结合。

戴维·伊本

看到枯燥的公司财务报表，我们就想赶快跑开，也常常被一行行的数字吓到，对这些数字的相关性和可靠性一无所知。古往今来，我们都被告诫，要继续前进并不断进步，就必须直面恐惧。花一点时间来了解财务报表的基础知识，你会发现，资产负债表和利润表不像它们看起来那样冰冷和枯燥。实际上，它们可以成为我们的朋友，正是在财务报表中，我们可以发现，或至少是证实资产的内在价值。

我们在查看财务报表时要记住三点：

- 资产反映公司的稳定性、安全性，在很多情况下，还包括成长的潜力。
- 负债削弱资产和收益，但可以促进公司的成长。
- 公司的收益和潜在收益决定股价的高低。

资产负债表可以帮助我们理解第一点和第二点，利润表帮助我们理解第三点。

投资安全性的迹象

格雷厄姆告诉他的学生始终都要面对现实，去研究现实而忘掉预感、传闻，或是关于股票和股指的个人感觉。

他说："最近大家又常常提起我，似乎提到我主要是围绕'价值'的概念。但是，我对价值的关注是想让它们基于盈利能力和资产负债表的基础，从而对价值有更清晰和令人信服的了解，而非诸如每个季度增长率的细微差别，或是在计算'主营业务利润'时要不要包括或剔除次要项目这样的问题。最重要的是，我坚决反对任何对将来进行预测的尝试。"

格雷厄姆的警言得到了大家的认可，但就我们对沃伦·巴菲特、查尔斯·芒格、彼得·林奇等投资者的观察，以及和他们的交流显示，通过教育和经验，投资者所谓的本能是可以训练的。有经验的投资者几乎可以嗅出好的投资机会，尽管他们在做出投资决策以前还是会参考事实，并进行一定的计算。几乎每个人在问题发生以前都会有自己的直觉，当直觉告诉我们有问题的时候，我们应该重视心里的声音。

发现投资的内在价值

我们对于应该更重视资产负债表且强调公司的资产情况，还是应该更重视利润表且强调公司的收益情况，一直都存在争论。格雷厄姆和多德早期的学生卡恩和沃尔特·施洛斯都提出资产负债表更重要，他们都凭着这个理念取得了骄人的投资业绩。

格雷厄姆在哥伦比亚大学任教时，对担当助教的卡恩这样说："我们强调资产负债表和资产。或许我们的想法显得很陈旧，不过我们最重要的目标就是保护本金。"卡恩公司的合伙人托马斯，也是卡恩的儿子补充说："除非市场察觉到公司存在一定的问题，否则不管正确与否，股价不会偏离内在价值太远。我们需要做的就是分析这些所谓的问题，是永久性的还是暂时性的。"

多年来，巴菲特一直持有不同的观点。在仔细了解债务和资产负债表等其他信息的基础上，巴菲特更在意利润表所提供的信息。他在寻求投资质量的同时，也在寻求成长。2008年金融危机后的几年，巴菲特开始把注意力又转回到那些持续稳定，在严重通货膨胀时期可以保护公司的资产上。

实际上，要获取公司完整、平衡和全面的信息，我们既需要资产负债表，也需要利润表。我们可以进行"价值的双重测试"，用公司的目前情况和业务发展的方向进行相互验证。

这个相互验证的过程，可以用下面的例子来描述。如果一家公司是一艘船，资产负债表就是船身，而利润表就是船帆。船身维持公司的正常经营，而船帆用销售来推动公司前进。财务报表可以简化公司的相关信息，从中我们可以获取需要的和想要的具体信息。公司的船是满帆前行的吗？船头挂着的是海盗的骷髅旗吗？

让我们从资产负债表开始吧。

资产负债表的构成

美国，公司资产负债表由四个部分构成，它们是：

- 资产。
- 负债。
- 库存现金。
- 权益（包括股利）。

资产的性质

资产有很多种，如库存、生产计划，甚至是信用卡的客户名单。公司的资产可以分为两种：有形资产和无形资产。

有形资产，也称为硬资产，指的是现金和土地、建筑物、设备、办公家具等固定资产。

现金就是现金，按其面值被大家接受。现金或流动资产为公司提供了平安度过艰难时期的能力，也为公司提供了通过开发新产品、新市场寻求内部发展或通过收购其他公司来寻求外部发展的机会。

固定资产就很难进行评估了。如果被购进后又升值了，它们可以很大程度地提升公司的能力。例如沃尔格林公司（Walgreen Co.）有很多药店的固定资产，这些资产都是很久以前购进的。作为全美最大的药品连锁店，沃尔格林拥有近7 500家店面，大多数都位于街道的十字路口处，无疑给公司带来了巨大的竞争优势。

公司的资产也可能会成为公司发展的累赘，公司资产的种类和质量都是很关键的。诸如航空公司的飞机和汽车生产线这样的资产必须经常更新，费用很大。如果公司拥有的不动产是不能再使用的生锈的工厂、效率不佳的设备，或必须大降价才能处理的库存产品，那公司硬资产的质量就有问题了。

第二类资产被称为无形资产或软资产，因为很难确定其性质，它们比有形资产更难进行评估。无形资产包括商誉、专利和商标、特许经营权、资本化广告成本，以及其他一些无形的资源。我们很难确定这些资产的价格，但它们可以成为公司最重要的特征。谷歌、可口可乐和麦当劳等众所周知的公司品牌给公司带来了另一层保护，也是胜过竞争者的强大优势。更何况，这些无形资产的一部分是以很低的费用获得的。比如谷歌，很少投放广告宣传，也没有投入太多费用去推销公司的业务。它在搜索引擎市场的领先地位靠的是口碑相传，而非额外的费用支出。谷歌是同时拥有较强的有形资产（现金和大批低成本投入的处理中心）和无形资产（公司品牌、杰出的员工和有创新性的服务产品）公司的典范。

计算账面价值

账面价值就是资产减去负债，尽管对于资产和负债都应该包括什么还存在争议。计算账面价值是从资产开始的，首先减去无形资产，然后减去负债以及优于普通股的股票等。如果你想买入整个公司，这就是你愿意支付的价格，或至少是决定价格的起点。而每股账面价值，就是用账面价值除以股票的总数。

例如，一个拥有20亿美元资产和16亿美元负债的公司，账面价值为4亿美元。如果公司拥有2 000万股的普通股，每股账面价值就是20美元，格雷厄姆认为价值股出售的价格应该等于或少于有形账面价值的1.2倍；因此，股价高于24美元时，他不会选择买入该股票。在一般的市场情况下，不太容易找到这样的股票，但在市场出现困境时就常常可以看到它们的身影。

计算过程中只要用到股票的总数，就一定要通过财务报表，包括报表的附注部分来核实，以确保所有的股票，股票期权和可转让股票都已经包括在内了。除非股东权益被所有的股份稀释，否则，计算没有任何意义。

评估投资的进展

  对每年投资进展进行评估，最合适的标准是伯克希尔公司每股股票内在价值的变动。可是，这个内在价值不能进行精确计算，我们就用一个粗略的指标来代替：每股账面价值。

沃伦·巴菲特

账面价值的魅力

账面价值是大家都接受并经过时间考验，用于衡量公司的优势及其对于投资者的价值。

长久以来，账面价值一直不受大家的重视，被认为和公司将来的前景关系不大，而是盈利能力要重要得多。这种观点有一定的道理，因为有时很难确定资产的价格，或是价格早已不再适用于现实情况。但是，就如其他保守方法一样，在市场萧条时，账面价值就开始彰显它的魅力。当增长难以确保时，稳定可以挽救一切。

在 2007 年美国市场调控之前，股价通常为账面价值的 3 倍左右，市净率非常高。2007 年亚马逊公司的市净率达到了惊人的 64，市净率一直都很高的波音公司达到 13，苹果和微软都差不多为 8.7。所有这些股票都被认为是高价股票。

《巴伦周刊》的作家在 2009 年声称，伯克希尔·哈撒韦公司在市净率从每股 1.6~1.8 美元跌至每股 1.2 美元时是绝好的投资机会。公司的 A 股股价从 2007 年的每股 14.9 万美元降至每股 8.5 万美元。据估计，伯克希尔公司的每股账面价值在 7.2 万~7.3 万美元时，毫无疑问地成为格雷厄姆的选择。2009 年伯克希尔的每股账面价值又上涨 20%，达到每股账面价值为 8.443 7 万美元，股价飙升到每股 12.242 万美元，使其市净率降至 1.4。《巴伦周刊》的分析完全正确。

账面价值的缺点

正如所有金融中所使用的公式和比率一样，账面价值也不是万无一失的。账面价值更适用于固定资产比率较高的工业企业，而非主要资产是由知识产权、商誉和软资产构成的企业。资本密集型产业股票的市净率较低，因为它们的资产收益率较低。而主要依靠人力资本的行业，每股资产收益率要高一些，所以市净率也较高。很多情况下，比起传统保守、经营稳定的公司，投资者更愿意承受成长型企业的较高的市净率。当然，保护有形资产显然比保护知识产权或人力资本，要容易得多。

市净率

账面价值最大的用处，就是和股价进行比较。股价与账面价值之比就是所谓的市净率，市净率为我们设定了市场情况最差时的投资底线。如果公司主动清盘或被迫破产，账面价值就是公司支付了所有债务之后的残值。公司的市净率为1时，说明投资者在清算后可以拿回自己所有的投资，也就是说公司的资产可以按账面价值转售。市净率越高，也就意味着支付所有债务后，还有剩余去偿还股东的可能性越小。

债务陷阱

我们要谨慎和合理地处理公司借债。就像个人债务和国家债务一样，公司的债务就是负债，债务的利息计入费用。

借来的钱可以帮助公司偿还债务、稳定现金流，并加速发展。这几乎是所有公司资本构成的一部分，管理层用借来的钱开发新产品，建立新的设施，扩张进入新的市场等。使用不当时，负债会很大程度地削弱公司资产和盈利水平，甚至把整个公司拖垮。破产法庭的目的就是推迟对债权人的偿还期限，直到公司脱离困境，或在公司不可能复苏的情况下尽可能公平地偿还债务。没有债务的公司在经营不景气的时候，可以停止经营，不需要进入破产程序。关于公司偿还债务的能力，我们会在第七章的息税折旧及摊销前利润部分谈到。

债务评级

政府和企业都可以使用的借债方式之一就是发行债券。公司的债券评级一直以来就是对公司偿债能力的评价。存在违约风险的公司，其评级会低一些，所以在发债时不得不接受较高的利率；而评级较高的公司举债相对容易，支付的利率也会低些。

多年以来，标准普尔、穆迪和惠誉国际都是大家非常信赖的债券评级机构，它们的分析受到大家的普遍好评。股票市场的投资者，通过使用主要评级机构的债券评级来判断企业经营的稳定性。

"在过去的30多年中，信贷评级机构在全球债券市场扮演着关键角色。"《理财周刊》提到,"标准普尔、穆迪和惠誉国际同意的签章是公司发行债券的先决条件。这些机构评级的级别体系从信用毋庸置疑的AAA级,一直到投机性较强、违约风险较大的(常被称为'垃圾债券')C级和D级,这构成了资本市场的基础。"

临近20世纪末,所有的事情都开始不对劲了。20世纪70年代以前,债券的信用评级机构受雇于投资者,投资者购买评级机构对某个具体公司或某笔具体交易的可靠性所出具的公正意见。后来,事情发生了根本性变化,三家主要的债券评级机构开始受雇于要评价债券的发行人,这严重影响了评级的客观性。另外,评级机构开始深度介入债券的发行过程,甚至对发行人如何取得期望的评级结果提供咨询和顾问服务。发行债券的公司因为在三家评级机构之间"购买"最佳评级,而备受指责。

在2001年安然事件之后,金融媒体发现,一直到这家得克萨斯州的公共事业控股公司申请破产的4天前,穆迪和标准普尔对安然公司的债务评级,仍维持在"可投资级别"。

更有甚者,次级贷款市场的问题是把金融市场推向崩溃,使债券评级机构备受指责。"美国的次级贷款市场成为信用评级和常识滥用的最坏典型。"《理财周刊》评论道,"大量的住房抵押贷款发放给低收入人群和财务状况不佳的美国家庭,他们中的很多人隐瞒了自己的实际收入,甚至预支了薪金收入,发放给他们的次级贷款被集中起来进行了证券化处理,而这些证券中最好的一部分居然取得了 AAA 级的黄金评级。"

到 2007 年，大家都很清楚的是，不负责任的债券评级根本就是一个可怕的错误。到那时，住房市场的泡沫开始破灭，很多债券开始违约。"最后，当 AAA 级的证券价值蒸发了 30% 时，那些评级较低的证券几乎一文不值了，所有证券的评级都一降再降。"《理财周刊》的文章中写道。

当改革之弓已上弦时，投资除了重新回到资产负债表已别无选择，用资产负债表的债务信息来判断是否和公司的债务评级一致。投资者应该问自己两个问题，而这两个问题的答案都必须为"是"：

- 目前的债务水平是可控的吗？
- 当所有的债务都付清后，公司尚有充足的现金维持企业的经营吗？

债务股本比率

这个公式表示的是和债务相比较的投资者的情况，就是在公司面临流动性问题时，有多少资本金可以应对债权人的索赔。

债务股本比率＝总负债／股东权益

经营稳定的公司债务股本比率大约为 50%，也就是说，每 50 美分的债务就有 1 美元的资本金来保障。如果公司的经营一切正常，债务股本比率可以达到 1 美元的资本金保障 50 美分的债务，但不能继续高下去。

营运资金

净流动资产，也就是营运资金，是格雷厄姆投资理念的核心。

合适的营运资金水平在企业的经营周期里，是一个很重要的财务缓冲器，让企业为自己的日常经营提供资金。企业的经营周期开始于原材料采购，生产为成品进行销售，销售收入流入银行账户。公司有充足的营运资金，就可以用自己的流动资产偿还流动负债，并平稳度过所有可能出现的经营困难。

净流动资产（营运资金）＝流动资产（现金、应收账款、存货）－流动负债

如果可能的话，去购买股价水平为净流动资产 2/3 的股票。

安全边际的局限

很多交易价格低于净流动资产的公司，其资本金规模都低于1亿美元，在机构投资的阴影下生存。如果证券市场的市值有限，交易量就会不足，这样的市场很难发现好的股票。果断的投资者会把自己的投资分散在不同的时间，分段购买他们想买进的股票数量。

我们很难发现拥有净流动资产的企业，特别是在牛市。可是它们在2008年出现了，尽管出现的时间很短暂。尽管市场青睐于分析净流动资产的投资者，我们还是必须研究为什么股价如此低。当公司的市值低于净流动资产时，关闭企业并单独卖出所有的资产比持续经营更好，股东还可以从资产处理中获得一定的收益。当然，除了大型的强势投资者，一般的投资者都不愿意有这样的结果，他们更愿意由管理层改善经营，然后等待股价的再次上涨。

为进一步提高投资的安全性，格雷厄姆建议在投资净流动资产较低的股票组合时，要看这些投资组合：

- 与一般的组合相比，是否由大量的股票组成。
- 充足的多样化来分散风险。
- 向收益率可接受的公司倾斜，剔除未能赢利和经营策略不清晰的公司。

"很多拥有净流动资产的股票",拉维·纳加拉占在 Rational Walk 网站上写着,"股权相对集中,要么是一个人,要么是一小群人控制着整个公司。在这种情况下,如果股东的想法和股民的期望不一致,那么很难,甚至不可能找出企业的价值。比如,净流动资产股票的投资者同时也是该公司职员的话,公司有可能会采用多次补偿的办法,把公司的资产价值从股东转移给公司的所有者。因此,一定要确定管理层是值得信赖的,这对于投资是非常重要的"。

流动比率

另外一个衡量营运资金的指标是流动比率。

流动比率 = 流动资产 / 流动负债

从公司来看,流动比率就是非常直观的一个指标,它反映公司的目前状况——此时公司发生些什么事情。流动比率为 2,是非常令人满意的情况——就是说,每 2 美元的流动资产可以保障不足 1 美元的流动债务。公司的负债不应超过流动资产的 50%。比起现金流紧张的大公司，库存较小、应收账款较易收回的公司，可以承担的负债比例稍高一点。

速动比率

速动比率也被称为酸性测验比率，是严格衡量公司日常经营状况的指标。

$$速动比率=（流动资产-存货）/流动负债$$

速动比率为1，说明公司在所有的销售突然停止时还具备偿还债务的能力。这个假设或许听起来有些危言耸听，但"9·11"恐怖袭击事件后，航空业所面临的困境难道不是这样的吗？航空公司的经营中断，却仍然需要发放薪酬、维护飞机和设备、偿还借款，并在航空业恢复经营之前撑过一段时间。6周后，美国的机场才全部开放，航班才恢复正常。即使到那个时候，很多人还是不愿意乘坐飞机，这进一步削减了航空业的收入，这个悲剧沉重地打击了航空公司。不可预见的事情总是有发生的可能，实际上有时真的就发生了。如果公司的流动比率和速动比率都很理想的话，发生什么情况都不用担心。

净资产

  价值投资者都偏爱在市场波动后，发现物美价廉的投资机会。格雷厄姆最喜欢的投资就是寻求流动资产比流动负债和长期负债高出 1/3 的股票。他的学生把这个方法亲切地称为"捡烟蒂"投资法。这些雪茄烟蒂被压在脏兮兮垃圾的最下层，但还可以抽上几口，而且是免费的。寻求好价钱的投资者，在 2007 年年末和整个 2008 年是欣喜若狂的。市场上的股票多是"烟蒂"的低价格，甚至包括那些还没有被抽完的香烟。好股票以低价销售，投资者显然是被吓住了，花了一些时间才恢复了购买的状态。

  这个方法成功的秘诀在于耐心，在寻求目标股票的过程中，不断积累自己足够多且高度多样化的股票组合。可能有 1/3 的股票让你蒙受损失，1/3 的股票状态不佳且难有成长，最后 1/3 的股票很有可能会表现极佳，这样也可以弥补你所有的损失。

  每股净流动资产＝（流动资产－流动负债）／普通股总份数

财务欺诈的高额成本

2001—2002年，发生了如此史无前例、大规模、令人震惊的公司丑闻，让大家都很伤心。这包括安然公司、泰科电子有限公司、环球电讯公司和资产达110亿美元的世界通信公司。

同样受到保证金债务困扰的世界通信公司，是仅次于美国电话电报公司的第二大长途电话公司。在魅力四射和颇受欢迎的伯尼·埃伯斯的领导下，世界通信公司通过积极收购其他电讯公司取得了飞速发展，最广为人知的是对美国通信公司的收购。1991—1997年，世界通信公司动用了600亿美元完成了约65项收购，并在收购的过程中积累了410亿美元的负债。然而，世界通信公司是华尔街的"宠儿"，股票分析师和经纪人都鼓动投资者大量买入该公司股票。

在如此短的时间内完成那么多的收购，是很难进行的——服务质量下降，会计部门的管理一片混乱，为后来的会计欺诈埋下了伏笔。

世界通信公司在编制财务报表时，开始自动降低一般公认会计准则的要求。为了使公司的利润看起来不断增长，世界通信公司在一个季度里把新收购的资产在账目上减少数百万美元，同时把预计用于将来的费用在当季列为支出项目，这就导致当季出现较大的损失，后来损失又逐渐减少，使得公司的利润看起来是在稳步增长。这个办法在世界通信公司不断地收购过程中屡试不爽，但在 2002 年，世界通信公司收购 Sprint 电信营运商未能获得政府许可时，事情开始败露。另外，公司的一名内审人员对欺骗投资者的一些会计处理开始有所察觉。她不畏艰难地在夜晚和周末进行调查，最终向董事会审计委员会报告了自己的发现。世界通信公司在 2002 年夏天提交了破产保护的申请，随后被认定 90 亿美元的会计欺诈。

世界通信公司股票在 1999 年夏天的交易价格为每股 64 美元，而到 2002 年 5 月，世界通信公司股票已经几乎一文不值。数十亿美元的市值蒸发，3 年后埃伯斯被判 25 年监禁。但世界通信公司并不是唯一进行欺诈的公司，埃伯斯也不是唯一被送进监狱的公司高管。电力供应商德能公司、阿德菲亚通信公司、泰科电子有限公司和其他公司也被指控存在各种各样的会计渎职行为。

《萨班斯法案》

由于存在大量的公司欺诈行为，2002 年中美国颁布了《萨班斯法案》，对财务管理和公司治理的监管提出了很多新的规定。这个立法不适用于私人公司，而是针对所有美国上市公司的董事会、管理层以及会计师事务所提出了新的标准和要求，并且成立了公共机构——美国公众公司会计监督委员会（PCAOB），来负责监督、控制、检查和处罚为上市公司提供审计服务的会计师事务所。该法案涵盖了审计独立、公司治理、内部控制评价和加大财务披露等方法的要求。

《萨班斯法案》迫使上市公司加大自己对股东的透明度。在外审人员的密切监督下，管理层必须确保公司的内部控制是到位的，财务数据是准确的。任何违犯法案的行为都要面临民事和刑事的法律责任，以及罚款。

然而，不同意见者认为，《萨班斯法案》过于复杂了，公司守法的成本过高，可能会削弱美国在全球的竞争力。法案的支持者则坚持，如果期望国内和国外的资金流入美国的股票市场，严厉的法律是必需的。

价值投资的基本原则

格雷厄姆和多德强调了账面价值、股本、较低的债务债权比率，以及其他检验公司核心优势的方法。股价接近公司的资产价值，并不是将来收益的保障，但会是一个好的开始。

格雷厄姆也说过："股票卖的是收益和股息,而不是现金资产的价值——除非将来有可能出现现金资产的分配。"

所以我们寻求盈利能力。我们寻求正的市盈率、低的成本、好的产品、强劲的销售和将来赢利的前景,而这些在利润表中存在蛛丝马迹。

便于快速查找的公式和比率

每股账面价值＝(总资产—无形资产—总负债—发行股票)/普通股总份数

债务股本比率＝总负债/股东权益

营运资金＝流动资产(现金、应收账款、存货)—流动负债

流动比率＝流动资产/流动负债

速动资产净额＝流动资产—存货—流动负债

速动比率＝(流动资产—存货)/流动负债

流动资产净额＝流动资产—流动负债—长期负债

每股净流动资产＝(流动资产—流动负债)/普通股总份数

市盈率＝股价/每股收益

利润率＝毛利/普通股总份数 ×100%

自由现金流收益率 = 每股自由现金流 / 股价

贴现现金流模型 = 贴现现值 = 将来价值 = 将来价值 × $(1-贴现率)^n$ / $(1+利率)^n$

7

唯一重要的增长率

The Triumph of Value Investing

> 价值投资只是基础经济学。想想你在做什么,想想它缺少什么,想想它怎样才会有意义。
>
> 安德鲁·魏斯

和资产负债表一起，利润表帮助投资者明白公司是怎么成长的。资产负债表是反映公司某一具体时点的静态情况，而利润表反映的是公司的变化。利润表，也常被称为损益表，反映的是公司的动态情况。资产负债表、利润表、留存收益表和现金流量表全面地反映出公司的经营情况，不仅可以看出公司的结构，还可以看出公司经营的不稳定性。

年复一年，坚持不懈地为股东创造稳定收益的企业，毫无疑问是优质资产。除非收益持续增长，否则公司无法实现增长的目标。"唯一重要的增长率就是收益率了。"彼得·林奇说。

利润表的秘密

比尔·盖茨曾经提到，企业不是那么难以了解。你自己可以利用简单的加法算出你的收入，然后把所有的费用支出加总后，用总收入减去总支出，你就知道自己是否做得成功了。当然，这是针对很简单的情况，如果是大型企业，会计计算就复杂得多了。

公司的收入应该足够高，可以在支付经营费用、偿还债务、发放股利后，还有剩余的资金可以对公司将来的发展进行再投资。投资者通过股价上涨或股利分红，分享公司的发展成果。这就是他们从安全的储蓄账户里取出钱来购买上市公司股票的初衷和动因。

盖茨声称，利润表由两个部分组成，它们是收入和支出。收入包括生产和服务的销售、从资产中获取的收益、不动产和子公司、租金和利息，以及从其他各项目中获取的收入，支出包括生产和服务的成本、管理费、折旧费、产品的研发费用、税金以及其他商业开销。

收入的实际情况

管理层查看报表时，面对利润表会很惊讶；会计处理可以如此具有创新性。格雷厄姆曾经讽刺地说，利润表是一片沃土，可以进行所谓的"会计实验"。在非经常性损益、附属机构经营、资产折旧和任何延迟事项上一旦出现虚假情况，请务必认真阅读财务报表的附注说明。

因为一次性的资产卖出，利润表看起来还不错，比如卖出不动产或一条生产线。这不一定不好，但是公司用一次性收入来支付日常费用支出，肯定对公司的经营是没有益处的。一次性收入对投资者有益，仅限于投资用于如下用途：

- 重建资产基础，比如生产设备的升级换代。
- 降低负债水平，因此降低企业的经营成本。
- 以某种方式贡献于将来的收益。

所幸，利润表的操纵只能在一年，或相对较短的时间里改变公司的收益情况，最终，任何不诚实的情况都会浮出水面。

诚实的报表调整

有时候，有些经营事项会"减少"或"冲销"公司的账面价值，这是合法的经营策略，这些会计调整可以从很多方面帮助投资者。比如，如果一笔债务被认定再也不能收回，或被新设备淘汰的老资产已经没有什么价值了，对资产价值的重新认定有助于投资者对公司的情况有更清晰和真实的了解。

有时，投资者对公司收入和股价的一次性下滑，表现得过于大惊小怪。聪明的投资者会利用这些机会买入低价股票。

然而，要清醒地认识到，管理层有时在收入不佳时会把应有的资产调整往后拖延。因为把坏消息集中在一个报表期要强过影响一个会计季度中每个月的表现。在资产被冲销后的会计年度，报表上显示的收入或许会上升。这会让一部分投资者欢呼雀跃，他们把这个回归正常的现象误以为是一个长期的趋势。因此，可以通过查看财务报表和连续一段时间的会计数据，避免这样的错误。

在研究收入趋势时，一定要把同一时段的历史数据进行类比。比如，把 2019 年春季和 2020 年春季的数据进行比较。有的公司会在圣诞节期间和之前迎来销售高峰，而在春天面临销售的淡季。每个企业的销售旺季和淡季都不同。有的零售商持续经营就是为了可以在冬季的节假日里获取利润，有的是在开学时迎来旺季，有的是在夏天旅游季节迎来旺季。

收益的观点

为了避免短期事件的干扰，分析利润表的数据应有 7~10 年的跨度。巴菲特说他有时会研究利润表几十年间的数据，用这个方法，历史趋势和所有的异常变动都一目了然。把历史数据进行平均就能得到有关销售、收入和费用更为典型的代表数据。历史数据的跨度越大，所得到的数据就越可靠，越具有代表性。格雷厄姆也强调过长期性分析的重要性。他说："企业的稳定性是用超过 10 年的每股收益趋势图与近 3 年的平均水平相比较判断的。如果整个趋势没有显现出任何的下降情况时，就是百分之百的稳定了。"

他也训练他的学生要关心收益的本质、质量和可预测性。

利润表的分析最好从如下三个角度入手：

- 会计角度——报表上反映出来的收益是合理的吗？是否真实地反映了公司的经营情况？
- 企业角度——过去的数据不一定能预测未来，但至少可以提供一些线索。利润表的数据所反映出来的是一个有活力、持续赢利和不断成长的企业吗？
- 投资角度——报表上的数据和股价有关系吗？

增长的指标

格雷厄姆认为公司是有进步的，如果：

- 最近 10 年的收益上涨一倍。
- 过去 10 年的下滑幅度不超过 5%，而且不超过两次。

这两个条件代表稳定性，尽管单有稳定性是远远不够的。就像我们研究资产时，也需要有力的证据来证明公司的增长。

彼得·林奇指出："公司有五个基本方法可以改善收益，分别是降低成本、提高售价、扩张市场、在原有市场提高产品销量、对失败的项目进行整顿——关闭或处理。"

销售量

价值投资者的目标是寻找财务稳健的公司，它们的销售和收益的增长率都比竞争者和总体经济要高得多。总的来说，股价上涨的幅度和销售增长率上涨的幅度基本一致。对于重要行业的龙头企业，年增长率应该在5%~7%。成长型企业的销售增长率应该更高一些。在整个投资组合中，各个公司的平均销售增长率应该达到约10%。不是每个企业都可以实现自己每年的增长目标。有的行业如房地产行业，其销售就有典型的周期性；企业的生产设施可能会受到飓风袭击；有的企业销售量激增，仅仅是因为它们向自然灾害的受害者提供急需的产品和服务。尽管销售量有增有减，但很长时期的平均销售增长率应该是很高的。

收入和利润

一个公司可能会有一个销量很好和持续赢利的明星产品,但这还远远不够。对于投资者,要考虑的事情还很多。成本必须要控制住,公司必须有稳定的利润率和自由现金流、股本收益以及其他一些特征。

有很多方法可以衡量公司的盈利能力。格雷厄姆衡量公司优势和劣势时,最喜欢使用营业收入和销售量的比率。评级机构用销售收入的一定比例来表达营业收益,或利润率。

$$利润率 = 毛利 / 净销量$$

上述公式计算的是一个比率,如果要把利润率变成百分比,就把结果乘上100%。

利润率是衡量公司产品定价、成本控制、效率和竞争力的指标。

利润率因公司不同或行业不同,存在较大的差距。比如廉价航空公司的利润率约为11%,而软件业却高达27%。

当公司的净利润率低于竞争者，公司股价会受到很大的影响，而当净利润率改善时，股价也会相应上涨。有时候，最好的投资就是同行业里利润率最低，却存在巨大转机的企业。而公司重组和新的管理层，往往就是促成利润率提高的契机。

息税前利润

另外一个衡量盈利能力的方法就是息税前利润（EBIT）。息税前利润也被称为营业利润，也是衡量公司盈利能力的一种方法，当然还没有涉及利息支出的所得税。

息税前利润 =（营业收入 - 营业支出）+ 非营业收入

和息税前利润密切相关的是息税折旧及摊销前收益，就是利息和所得税之前，以及折旧和摊销之前的利润。

息税折旧及摊销前收益是在 20 世纪 80 年代随着杠杆收购而出现的，当时被用于衡量公司支付债务利息的能力，随即在拥有大量资产价值的行业里被广泛使用，因为这些资产都要随着时间出现折旧。

"息税折旧及摊销前收益被很多公司使用，特别是在技术行业。"投资百科曾经报道，"一个常见的误解就是息税折旧及摊销前收益代表现金收益。息税折旧及摊销前收益可以用于衡量盈利能力，但绝不能衡量现金流。"

正如其他指标一样，就如贝塔系数，息税折旧及摊销前收益只有在被正确使用，并和其他指标一起使用时才真正有用。一个很大的缺陷是息税折旧及摊销前收益没有涉及营运资金和更换淘汰设备所需的现金。更遗憾的是，息税折旧及摊销前收益有时被用于财务欺诈，使公司的盈利能力看起来比实际要好。

留存收益

当所有的收入都被计算在内，所有的债务都已偿还，股息也都支付给股东时，或许还会有些利润剩余下来。未分配利润和留存收益最后变成资产项目，出现在资产负债表而不是利润表里。作为可以推动公司成长的现金，留存收益对于股票的升值至关重要。

尽管留存收益最后成了资产，它仍可能使公司处于风险之中。公司的袭击者们就像捕食者一样死死地盯着公司的留存收益。当管理层对留存收益没有明显的计划和使用的安排时，公司很容易成为被收购的目标。尽管大笔的现金储备给我们带来了安稳的感觉，但同时也使投资者紧张不已。投资者对留存收益常用的座右铭是，

"要么用掉它,要么损失掉"。

在公司的留存收益表上可以找到更多的细节,这张表记录了公司一个会计年度内留存收益的变化情况。如果留存收益增加了,有必要探究一下是什么导致了较高的收益水平。是一次性的短期现象,还是一个长期趋势?如果公司的留存收益下降,找出原因是很重要的。如果留存收益的现金是被用于稳固公司的经营优势和强项,那么是不用担心下滑的;可如果是被用于弥补亏空或其他并不能促进公司经营的稳定和增长的用途,那就很危险。

自由现金流

"财务的重要原则之一就是要关注现金流的重要性,因为现金流是公司的生命线和吸引股东的主要方式。"阿瑟·约翰逊在其《基金通信》中写道,"自由现金流,也就是沃伦·巴菲特所称的'股东盈余',是扣除确保公司经营中的正常现金流,产生的资本支出之后还剩余的现金。"

自由现金流收益率反映的是,在目前公司股价基础上每股股票可以收益的现金。

$$自由现金流收益率 = 每股自由现金流 / 股价$$

这和收益率很类似，收益率是由公认会计准则所认定的每股收益除以股价。总的来说，收益率越低，投资的吸引力就越小，反之亦然。这就说明，投资者总是愿意每股的投入尽可能小，而收益却尽可能高。

有的投资者认为自由现金流（包括资本性支出和其他维持经营所需的成本）更加准确地反映了股东的收益情况，因此在衡量公司的生命力时，更愿意使用自由现金流收益率，而不是收益率。

库存现金的力量

尽管巴菲特对在通货膨胀时期持有大量现金的危险提出了警告，但伯克希尔·哈撒韦公司恰恰就是最好的例子，说明在危机时期持有大量现金不仅保证了公司的生存，甚至能使公司走向繁荣。在伯克希尔公司 2009 年年报中，巴菲特讲述了如下故事：

"当整个金融体系在 2008 年 9 月走向停滞时，伯克希尔扮演了金融体系流动性和大量资金提供者的角色，而非需求者的角色。在金融危机最艰难的时刻，我们投入了 155 亿美元的资金，如果没有我们的投入，也只能由美国联邦政府提供帮助。其中的 90 亿美元被用于救助先前受到大家认可，经营也很成功的三家美国公司，以刻不容缓地增强它们的资本实力来赢得投资者的广泛信任。其余的 65 亿美元用于履行我们对收购箭牌公司提供的资金承诺，该交易在恐慌盛行的市场中没有任何拖延的余地。"

贴现现金流模型

基于利润表会计信息的另一个计价模型就是贴现现金流模型，用于评估投资的价值。贴现现金流模型分析涉及一个很复杂的公式，用自由现金流进行贴现（通常使用资金成本的加权平均），得到证券的现值。基于现金和贴现率的不同，贴现现金流模型分析出现了很多的变形。

如果贴现现金流模型分析后得到的现值高于投资的成本，公司实际上就是把将来的收益进行了贴现，这样的投资机会是有价值的。所幸的是，我们不需要自己去做这些复杂的计算，可以用互联网进行各种各样的股价分析。

贴现现金流模型分析的目的是估计你可以从投资中获得的收益，并调整收益的时间价值。换言之，贴现现金流模型帮助投资者在获取长期固定收益，考虑通货膨胀的危害时，对投资进行评估。除了投资融资领域，贴现现金流模型还被广泛地运用于房地产开发和公司财务管理领域。

贴现现金流模型是强大的，但也是有缺点的。既然贴现现金流模型仅仅只是一个机械的评估工具，也就是一个"输入"的模型而已。输入时细微的变动，都会导致公司价值误导性的巨大变动。

市盈率

在后半生的大多数时候，格雷厄姆一直想完善计算内在价值的公式，但一直都没有能够找到准确而可靠的公式。投资者最好的办法就是参考本书，用第六章中提到的几个重要公式和比率。其中最有用的就是价格收益比率，就是我们说的市盈率。市盈率也是衡量公司盈利能力的另一个指标。市盈率较高说明投资者对公司盈利能力的期望较大，市盈率较低说明投资者的期望不高。

用股价除以过去连续四个季度的每股收益，就得到了市盈率。一个每股收益为3美元，而交易价格为30美元的公司的市盈率为10。换句话说，该公司的股票以收益10倍的价格进行交易。历史市盈率是用过去一年的收益来计算的。而最常用的市盈率居然是纯粹的投机，因为它是用预计的将来收益来计算的。

正如威廉·欧奈尔指出的，市盈率并不是股票上涨的原因。"真正决定股票上涨的是杰出的产品和满意的销量。"也就是说，市盈率是公司业绩突出经营成功的缩影。

和其他投资公式一样,市盈率也要谨慎使用。毕竟,收益是随时变化,难以进行预测的。作为一个比例,除非是和公司的历史业绩进行纵向比较,或和同行业的其他公司进行横向比较,否则没有什么实际意义。格雷厄姆遵循如下的原则:

- 他喜欢购买的股票,价格一般不会超过收益的7~20倍。
- 对于前一年的历史市盈率超过20,或前7年的市盈率超过25的股票,彻底回避。

格雷厄姆购买市盈率较低的股票说明他想深入发掘股票价值的意愿,也反映出如今的投资者,包括巴菲特和威廉·欧奈尔,都愿意购买市盈率超过20,甚至50或更高的股票,因为他们发现最具增长潜力的优秀公司往往都有较高的市盈率。

股价的范围

资产和收益就是我们所期望的股价的两端,用账面价值来表示的资产就是证券可以卖出的最低价,而市盈率决定了证券可以卖出的最高价。

因此,如果你确定公司正常的账面价值是每股10美元,更低的股价就值得怀疑。如公司所从事的是周期性产业，如汽车和厨房设备的生产，股价或许只是体现经营周期的低点而已。如公司是因为短期性困难而导致股价过低，反而是绝佳的投资机会。如果公司因为技术落后、研发投资不足，或其产品如煤炭和石油的开采已经枯竭，其股价的下降就是卖出的理由。

如果你觉得比较合适的股票的市盈率为10，你所购买的股价不应超过最近一年每股收益的10倍。和其他原则一样，这一规则也有例外。增长潜力较大的和高科技公司的市盈率可以达到30、40、50，或更高。因为格雷厄姆从来不选择市盈率如此高的股票，所以也就和IBM的股票无缘了，虽然他也对IBM的产品和早些年股价的飞涨印象深刻。

巴菲特和其他的价值投资者多次打破了格雷厄姆的原则界限。在投资多样化的过程中，组合中包括一些高新技术和生物技术的股票是恰当的，而这些股票中最好的公司往往市盈率都较高。那些掌握风靡一时新技术的公司也都有较高的市盈率。

欧奈尔指出基因技术公司（基因工程技术的先锋）和先达公司（第一家生产避孕药的厂商）在市盈率已经很高的情况，其股价还经历了大幅上涨。两家公司都有销量极好的爆款产品。"我们的立场就是，如果其他一切都正常，不必为市盈率的高低而争论。"

成长型股票

较高增长率的公司为股票组合提供了非常重要的生命力,但高增长率也伴随着风险的加剧,没有比20世纪末高新技术市场的崩溃更好的例子了。坏消息传来时,所幸的是投资者可以运用价值投资原则发现具有高增长率的股票。我们会在第九章进一步谈到。

需要记住的要点是:

- 对投资者最具吸引力的是持续赢利的公司。
- 寻求稳定和上涨的收益。
- 寻求和同行业的其他公司相比,市盈率较低的公司。
- 进行预估时尽量保守,低估往往可以确保安全边际。

谷歌公司

谷歌公司是21世纪最伟大的商业神话之一,不仅仅是因为创始人对互联网力量的独到见解和判断,还因为公司成功的经营战略。拉里·佩奇和谢尔盖·布林在没有任何实际商业经验的情况下创立了谷歌公司,并承诺寻求的是长期利益。凭借不俗的销售增长、净利润、现金流，并且没有任何债务，谷歌以独一无二的姿态度过了艰难的经济衰退期。

两个斯坦福大学的研究生，在 1998 年创立了这个互联网公司。尽管当时的硅谷处于低谷时期，谷歌在 2004 年以每股 85 美元上市，共筹集资金 16.7 亿美元，其首次公开募股有很多值得关注的地方，包括上市时公司已经有了销售记录。这在硅谷的新公司上市中是很少见的现象。2007 年中期，谷歌的股票交易价格已达每股 720 美元。

谷歌是世界上最主要的搜索引擎供应商，拥有巨大的网站地址索引和其他一些网络的内容。谷歌让几乎在世界上任何地方有互联网接口的人，可以立刻获取无偿信息。佩奇和布林用他们的自动搜索技术，重新定义了"媒体"的含义。公司的收入主要来自发布和搜索内容相关的、用激光定位的网络广告。很多公司喜欢选择谷歌的 AdWords 模式来宣传自己的产品和服务，因为谷歌对信息有很大的控制力，可以帮助赞助商收集那些关注公司广告的用户资料。

虽然很受市场的欢迎，也具备内在的优势和潜力，但谷歌的股价在 2007—2008 年的股市风波中遭受了重大打击。

我们仔细观察谷歌公司的基本情况，就会发现它的经营模式和习惯具有可持续性的原因。谷歌拥有高达 860 亿美元的存量现金，而且没有任何负债。5 年内平均增长率高达71.6%,2008年的销售量为2 270亿美元,净利润率为22%。每股股价在264美元的低价上徘徊了52周之后,2009年年底谷歌的股价在回落到每股500美元之前,曾涨到了每股600美元。

8

对管理层的评价

The Triumph of Value Investing

> 没有知识的正义是软弱和无意义的,但没有正义的知识是危险和可怕的。

塞缪尔·约翰逊

在2000—2009年，全球金融市场所经历的跌宕起伏证实了一个很多人都早已明白的道理：诚信、可靠和负责任的管理团队对于维持健康的宏观经济环境和健康的股票市场至关重要。受贪婪、过度竞争、无能、过度冒险和盲目跟风的驱使，才会出现21世纪初那些可怕的决策。的确，政府放松管制的政策已经严重偏离了初衷，现行法律的执行又很宽松，但这些都不该成为管理层严重失误的理由。

我们怎么知道企业管理有方呢？可以用很多的标准来衡量。巴菲特和他的合伙人查尔斯·芒格用伯克希尔·哈撒韦公司的财务情况与标准普尔500指数相比较，来衡量自己公司的管理情况。"选择标准普尔500指数这样强大的对手和自己进行比较的原因很简单。"巴菲特写道，"我们的股东通过持有指数基金，就可以轻而易举地把公司的经营情况和标准普尔500指数进行比较，那么，他们为什么要付钱让我们做相同的事情呢？"

还有一些其他的衡量标准，每个指标都对公司的经营结果产生影响。

诚信是重要的

安然公司和世界通信公司的悲惨故事告诉我们，当公司的领导人无视法律和对股东的责任时会是怎样的结果。巴菲特常说，他所寻求的是那些"绝妙的城堡（好公司），它们被深的、防御能力强的护城河（进入的门槛）所包围，城堡里面的领导人是一个诚实和正派的人"。

法律只不过是我们行为的最低要求，好的公司领导人都明白他们必须遵守法律的规范，并且做得更好。

大型保险公司安信龙拥有25页公司道德准则文件，用以宣扬一个观点：好行为是为了股东的利益。"我们致力于为股东提供长期的价值。"这句话被清楚地写在公司的道德规范文件上，"我们会在经营中遵循商业道德的最高标准。"

《投资者商业日报》的创始人威廉·欧奈尔指出，当企业的经营背离了诚实和公平时会立即面临要承担的后果。这些公司最终都会"罪有应得"。欧奈尔说："熊市清除了很多这样的企业。"

能做什么，并不意味着你就应该去做。判断力、诚实正直的品质和市场机会交融在一起。

过度信贷的恶果

在最近的金融危机中最早步履蹒跚的，都是那些卷入过度建设和过度信贷的住房建设和住房抵押贷款业务的公司，比如北岩公司和美国的贷款者金融公司，因为它们的信贷资源都枯竭了。2007—2008年，有超过100家住房抵押贷款机构破产。人们对贝尔斯登公司将在2008年3月倒闭的担心直接导致摩根大通对贝尔斯登公司的仓促收购。整个金融危机在2008年10月到达顶峰，几个大型机构要么破产，要么被迫被收购，要么被政府接管。这些机构包括以往受到大家追捧的雷曼兄弟公司、美林集团、房利美、房地美和美国国际集团。那时，因为破产或不达标，37家公司跌出标准普尔500指数的行列。

利益相关方

在《证券分析》一书中，格雷厄姆和多德都称："公司在法律上就是公司股东的财产而已，公司的各级领导仅仅是股东支付薪水的雇员，而选出的董事实际上就是受托人，他们的法律责任就是代表公司的所有权人行事。"

从字面上理解，公司不过就是一个法律实体，向其法律上的所有权人即股东负责。但是，即使是提出这个观点的格雷厄姆和多德都明白，除非履行更大的社会责任，否则任何公司都不能在市场上长存。

按照现代学说，公众公司必须平衡公司和其他各方之间的利益，如管理层、赊销产品和服务或直接提高贷款的债权人、贡献自己劳力的员工、公司服务的客户、用自己的资金对公司投资的股东等。所有这些因素产生了公司的收益和价值。同时，公司能推动商业和经济的前行。

谁在管理公司？

约翰·博格坚定地说，美国公司都面临着一个很大的问题，就是职业经理人和公司所有权是分离的，所以他们对公司、公司的产品、员工和公司的使命都缺乏必要的忠诚度。

他指责金融市场在21世纪初期存在的问题，认为管理公司的人并不拥有公司的股权。他们管理公司，但对公司的投资却很少。

更有甚者，董事会往往并没有真正意义上的独立，要么是董事会成员和首席执行官关系密切，要么是由首席执行官直接任命而心存感激。

上市公司的管理体制中最高的决策权在董事会，董事会可以推选和评价首席执行官，并决定他的薪酬。同时，还必须就股利支付、股票拆分、股票回购等事项提出建议并最终通过、审查并通过财务报表，就收购与合并发表意见。

美国证券交易委员会针对"什么是独立董事"，"董事会中至少应该有几个独立董事"都有很具体的规定。遗憾的是，这些规定未能阻止首席执行官把认同自己经营理念，同意自己的薪酬计划和津贴水平的人成功地安插在董事会里。

独立公司董事协会把美国证券交易委员会的规定看作是法律法规的最低要求，并强调完善的公司治理需要更为严格的措施。大体上说，独立公司董事协会鼓励的公司行为道德规范要求董事们：

- 促进并保护股东的参与和长期利益。
- 要代表所有的股东，不仅仅代表那些提名和选举他们的人。
- 专注于公司的信托责任，同时也推动公司的社会、经济、环境和政治相关的计划和项目。

对股东来说，要防范公司管理不善的风险，最好的方法就是寻找那些管理层和机构利益之间存在利害关系的公司。我们在这本书中反复提到过两家公司——伯克希尔·哈撒韦和谷歌。有批评者认为在这两家公司里，经营的决策权高度集中在所有权人手中。这两家公司上市的目的都是让所有权人取得公司经营的控制权，两者都持有大量的剩余现金，两者都在经济衰退中赢利并安全度过这场危机。

像所有权人一样管理

查尔斯·布兰帝总是喜欢那些管理层对公司股权有实际控制权的公司。如果公司的总裁拥有20%或更高的公司股份，那么我们的目标是一致的，就是要提高公司的股价。仅受薪酬和福利约束，没有股权的管理层不太可能和股东同舟共济。

同样，巴菲特也很提防管理层拥有大量股份的公司，还有强势家族拥有主要股份的公司，它们可以随时更换道德不良或经营不善的高级管理人员。而这恰恰就是伯克希尔公司的现实，巴菲特和芒格常常说"自食其果"，他们俩都把绝大部分的家族财富投入伯克希尔·哈撒韦公司。

好的经理人不能做什么？

本杰明·格雷厄姆和沃伦·巴菲特持有相同的核心理念，但他们的理念也存在很大差异。相对内向和不合群的格雷厄姆认为，拜访公司和公司的管理层没有什么实际意义，公司的资产负债表和利润表可以带来足够的信息。而巴菲特虽然也没有花很多时间在公司，却常常会将赞美献给杰出的经理人。这是真的，他有时甚至在公司的年会上称赞他们。但格雷厄姆和巴菲特都同意一个主要的观点：从根本上就很差的企业，无论有多棒的管理，仍然是差的。杰出的马术师可以很好地驾驭一匹赛马，但他不能使一匹小马跑得快到不可思议的程度。正如格雷厄姆指出的，事实可以用数字说话。

永远不需要太多信息

尽管格雷厄姆不太愿意亲近管理层，但过去近40年的经验告诉我们，投资者需要关注公司发展的近况，并把所获得的信息进行分析和整理，以提高自己的投资技能。

"管理美国证券市场的法律法规都是基于一个简单易懂的道理：

所有的投资者，不管是机构投资者还是个人投资者，在购买股票以前以及持有股票期间，都应该了解公司的基本情况。"美国证券交易委员会在其网站上的"我们的职责"一栏中这样写道，"出于这个目的，美国证券交易委员会要求上市公司向公众披露重要的财务信息和其他信息。这为所有的投资者提供了公共的信息资源，投资者可以使用这些信息判断自己是否买入、卖出或持有某一只股票。只有依靠不断更新的、及时的、全面和准确的信息，人们才能做出正确的投资决策。"

多亏了互联网，投资者可以快速和容易地获得监管机构所拥有的上市公司的海量信息。正因为很少有人实际去使用这些信息，聪明的投资者得到了额外的奖赏。

管理层的远见

当泰德·特纳在1980年创立美国有线电视新闻网，比尔·盖茨在1975年从哈佛大学辍学建立微软公司，拉里·佩奇和谢尔盖·布林不小心把那个单词（Googol）拼错而创立了谷歌（Google）时，他们有一点是共同的，他们作为管理层都给整个公司带来了最重要的东西：远见。他们每个人几乎都是迅速凭直觉意识到一种科技的到来，它将要推动社会文明的前进。在人们还不知道自己需要这些产品时，他们都已经清楚地看到了人们将来对这些产品的需求所带来的机遇。这些创新者一旦明确了自己努力的方向，就会坚持不懈，直到实现自己的目标。

很少有公司的领导人可以像苹果公司、NeXT软件公司和皮克斯动画公司的共同创始人史蒂夫·乔布斯那样做出表率。乔布斯和他的合作伙伴史蒂夫·沃兹尼克在20世纪70年代建立了第一家个人电脑生产企业。他们和苹果公司一同经历了很多次的起起落落，最后乔布斯于1985年离开公司。苹果公司开始逐步衰落，直到乔布斯于1996年重新接管，公司重整旗鼓，开始开发音乐播放器、智能手机和其他一些受到市场和消费者欢迎的电子产品。乔布斯凭借独特的管理方式、高超的演讲技巧和销售技巧，有时备受推崇，有时又备受指责，但他对企业发展的远见是毫无争议的。

"有的事情是很有意思的。"威廉·欧奈尔于2009年曾说，"美国从工业社会发展至今，共有27次经济周期见证了整个社会发展的过程。每次经济周期都是由创新者、创业者和新发明所引领的。19世纪70年代铁路的发明给社会带来了巨大的益处。铁路诞生以前，从美国东部到西海岸需要数月时间。紧接着美国又有了汽车和飞机的发明，现在美国又有了无线电、电视机和互联网，而创新的过程从来没有停止过。我们看到美国是一个创新者和发明家的国度，总是有更新、更快、更好、更便宜的产品诞生。管理层不一定有较高的道德水准，政府的监管也会出现问题，但整个体系运行正常，并不断自我矫正。"

查尔斯·布兰帝于2009年曾说我们必须重视"企业的根本情况发生变化的速度，特别是在科技领域。各种变化发生的速度比以前要快得多。以胶卷业为例，数码相机成为我们的选择。我们都看到了这个变化，但大家还是认为胶卷比数码要好。我们认为数码相机会不断发展，有朝一日会和胶卷平起平坐，但胶卷仍然会继续存在很长时间。这样的分析是错误的，正是这个错误让柯达这个曾经的蓝筹股和多年的优质公司一蹶不振。现在的柯达处境艰难，危机四伏。这就是技术的飞速发展对曾经辉煌的行业造成的实际影响"。

股东的权利

投资领域总是不断地陷入泥潭，难以自拔。1929年股市大崩盘之前，有人反对美国政府对证券市场进行监管，他们相信经济会自行选择合适的道路，车到山前必有路。这种看法在第一次世界大战之后非常流行，当时公众涌动着对美国股票市场的强烈兴趣。受股权概念的激励、一夜暴富梦想的驱使、轻松获取贷款的诱惑，那时的很多投资者对于融资融券和公司信息不真实的风险不予理会。

20世纪20年代，大约2 000万名股民赶上了战后繁荣的快车，并憧憬着在美国股票市场收获颇丰。结果迎来的却是1929年的黑色星期五和美国股票市场的暴跌，紧接着开始了大萧条时期。

美国政府制定了严格的信息披露的规范，以便防止股市欺诈，这样的建议从来没有被认真地考虑过，直到一切都为时已晚。据估计，20世纪20年代约有500亿美元的新股票，其中的1/2变得一文不值。

所幸的是，最后各国还是颁布了相关的法律，主要目的是：

- 上市公司必须向投资者如实报告公司的经营情况，它们打算卖出的股票情况和投资中存在的风险。
- 那些介入股票交易的各方——经理人、交易商和交易所，都必须诚信和公正地对待投资者，把投资者利益置于首位。

尽管相关法律在每个州，每个国家都会不同，但任何一个上市公司股东都被公认拥有如下权利：

- 对公司重大事项的投票权。包括选举产生董事，对诸如并购这样的公司重大变革提出建议等。选举权的行使是在股东大会上，或是代表不能出席的股东。
- 对公司拥有与股票相应的股权。在公司清盘时，投资者可以分割清算资产，虽然普通股股东的受偿顺序在债券持有人和优先股股东之后。一个兴盛的企业，它的股权收益来自收益的合理使用和所带动的股价上涨。

- 在证券交易所卖出股票的权利。这个特权保障了投资者在认为必要时将股票套现的权利。流动性使股票区别于不动产和应收账款等其他类型的投资，它们变现需要更长的时间。

- 普通股股东在公司分红时有申领的权利。不是所有公司都会派发股息，有的公司只是偶尔为之。未分配的利润常常以利润再投资的方式又回到企业中，促使企业的进一步发展，为股东创造更大的价值。

- 查阅公司财务报表和财务记录的权利。这是通过公司的文件公开实现的，包括季度报表、年度报表和其他报告。大多数的报表和报告都可以通过监管机构的官网获得。

- 股东对公司及其领导层的不良行为有起诉的权利。通常是以股东集体诉讼的形式。在得知世界通信公司夸大了2002年的收益，并向投资者和股东提供虚假财务信息的情况之后，股东们以集体诉讼的方式应对世界通信公司。这个权利当时因为侵权责任相关的改革而受到一些影响，机构提起诉讼的权利得以保证，而个人投资者的诉讼权有了一些限制。有人鼓吹要对集体诉讼的权利加以限制，可这难道不是为缺乏诚信的管理层提供法律上的保护吗？

遗憾的是，虽然不断出台严格的法律政策，却未能阻止欺诈的发生。更糟的是，20世纪80年代之后，政府放松管制的趋势使大萧条之后已经成型的一些保护性措施消失得无影无踪。《格拉斯·斯蒂格尔法案》成功地为商业银行和投资银行划定了严格界限，但最终被废除，这是多么令人震惊！商业机构要求废除的理由是，放松管制将会有利于整个经济的发展。商界反对该法案是因为担心增加成本，担心各种不确定性。结果，金融危机不仅使商业陷入困境，也使整个社会难以幸免。因此，公正和严厉的法律可以给予股东一定保护。

股东的责任

公司和政府监管部门有自己的权利和义务，股东也有自己的权利和相应的义务。约翰·博格曾称，职业基金经理并没有对受托资金进行谨慎管理。他写道，"我们有太多的公司和金融代理商未能为委托人的利益行事，委托人就是代理人负有受托责任的共同基金投资者和年金受益人。普遍的后果就是基金经理未能履行受托人的义务，公司的经理人也把自己的利益置于股东利益之上。"

博格呼吁机构投资者和个人投资者应有更多的责任感。作为股东，你的责任是：

- 明白你在和谁一起投资。
- 随时了解你所购买的股票的最新情况。
- 清楚投资者在整个经济中的作用。
- 在必要时,成为股东中的激进分子。

"大家对最近这些事件的原因进行分析时",博格说,"我没有发现有人站出来说公司的股东很在意公司的经营。其实,我们持有股票,但我们什么都不做"。

股东在行使自己的投票权方面有了很大的进展,但很多股东还是选择不行使自己的权利,因为在面对公司管理层、机构投资者的经理人和其他大型股东团体时,个人投资者总是很无助。然而,股东中也有一些激进分子引发了变化。

伊芙林·戴维斯是美国股民中最出名的激进分子之一,她常被那些认为她是无聊闹事者的人称为"讨厌鬼"股东。

戴维斯是一名出版人,也是大约80家公司的股东。她从1960年开始就在全美国参加不同公司的股东大会。

的确,戴维斯是咄咄逼人的,她常常用很难回答或令人难堪的问题追问管理层。然而,她非常严肃地对待财务报表和监管机构的各种报告,她的判断和不满往往都被证明是对的。例如,2007年她曾经向高盛集团公司提交过一份股东建议书,建议禁止将股票期权作为高管的激励措施。她坚持说,期权激励会变相鼓励管理层，通过取得期权时人为压低价格，执行期权时又人为拉高价格的方法来操纵公司的收益。她还认为，股票期权"近些年来已经变得很难控制了，有的分析员可能会夸大公司的收益情况，仅仅因为公司收益会直接影响公司的股价和期权"。她坚持有更好的对高管的激励措施，包括最简单的措施，就是给他们股票而不是期权。

然而，戴维斯未能获得高盛集团的机构投资者和其他一些大股东的支持，最后她的建议未能通过。路透社、《纽约时报》和其他新闻机构都对此事进行了大幅报道。她成功地使自己关心的问题，在股东大会上得以讨论。

的确，我们身边也有一些基于个人或社会目的的股东激进分子，他们不足以引起其他股东的关注，但这些持有不同意见的股东往往很多次被证明判断正确，他们充当了高管滥用职权的早期预警体系。

参加一些年会：成为一个挑剔的股东

股东有很多理由去参加持有股票的公司举办的年会，尽管只是一部分公司而已。

在判断公司的管理水平时，没有比亲自进行实地考察更好的方法了，你在实地考察中可以获得很多。公司管理者是脚踏实地地经营公司，还是自命不凡地吹嘘自己？他们面对提问时的态度是镇定，还是慌张的？他们面对问题的态度是坦然，还是回避？

如果你参加通用电气公司的年会时，你会看到一个盛气凌人、精力充沛而又坐立不安的高管，他一直以来都在不断改进公司的经营。

有的小公司在工厂的地板上或仓库里召开自己简陋的年会，可伯克希尔·哈撒韦公司的年会受到大家的普遍欢迎，在2009年有3.5万个股东、分析员、家庭、朋友和新团队参加。地下室变成了伯克希尔·哈撒韦公司的购物中心，很多商品都向伯克希尔·哈撒韦公司的雇员提供折扣。一件基本款的T恤只需2美元，冰雪皇后（DQ）的圣代只要1美元，你甚至能用很低的价格买到非常便宜的组合式房间呢！

年会后的提问环节吸引了成千上万的人们。公司总裁沃伦·巴菲特和副总裁查尔斯·芒格在长达6个小时的时间里回答了各种各样的问题，涉及公司、总体经济和全球的未来发展。

米歇尔·莱德也承认股东要推动变革并不容易，但她鼓励股东做更多的尝试。她曾经报道过摩根士丹利公司于2008年举办的年会，在冲销了95亿美元的次级贷款之后，公司公布的2007年第三季度的损失就高达30亿美元。可是让她吃惊的是，在年会上向首席执行官和董事们提出的问题少之又少。她说她应该向管理层提出诸如此类的问题："公司遭受损失的时候，你们在哪里？你们开车的时候睡着了吗？为什么不早一点警告大家？如此平庸的业绩，你们还要花那么多的钱？"

她有一个很重要的观点。如果股东从来不提问题，管理层永远都不用为答案而担心。

"参与制资本主义"是令人激动的，但要牢牢记住——美国国税局不允许把参加年会的旅费作为投资费用进行税务冲销。所以不要为了旅行的梦想去购买夏威夷电力公司的股票，也不要为了到奥兰多免费旅行而去买迪士尼的股票。

政府监管的利弊

很多公司的领导人都对政府的监管持反对态度，他们认为政府的监管是一种压制，守法成本高到使他们在全球丧失竞争优势。豪尔赫于2004年在《财务成本管理》杂志上写道："尽管执行良好的公司治理会产生很多额外的成本，但我要强调的是，如果要保护股东的权益，良好的公司治理不是可以选择的，而是必需的义务。与由于公司治理不善而使股票变得一文不值的投资者所遭受的损失相比，守法的成本只占到很小的比重。比如安然公司和世界通信公司的股东损失高达1 000亿美元，而遵守《萨班斯法案》的成本，最高预测损失也不过50亿美元而已。"

除了对公司有比过去更高的要求，博格说政府还应该对机构型投资经理颁布受托责任的联邦标准。这将迫使持有大量股票的共同基金、年金和其他机构的经理人使用他们手中的股票份额，要求公司的董事和高管履行他们对股东的义务。

"我们需要美国国会通过法案来建立基金经理服务于股东的基本原则和要求。"博格说，"第二个要求就是，资金的受托人应尽勤勉和拥有较高专业水准的义务。这些要求似乎都不算过分。"

博格还呼吁公司的高管更加诚信。"单靠监管已经远远不够了，基于代理人自身的利益，在金钱的诱惑和强烈攻势下，最后倒霉的还是股东。没有什么法律可以做到完美无缺，自我约束显得愈加重要。"

在金融领域应该坚持严格的诚信和公正，另一个意义在于，它能让美国继续成为资金储备的安全地点。几百年以来，全世界的投资者都愿意购买美国的股票、债券和共同基金，因为大家都信任美国的监管体系，而美国的整个经济也从中受益匪浅。

高管的薪酬水平

2008年的金融危机以前，华尔街职员的薪水和奖金已经开始变得极不正常，对此，很多投资者感到吃惊却又无能为力。1980年，美国公司一个普通高管的薪酬已经达到普通工人薪酬的42倍。

到 2010 年时，首席执行官的薪酬水平已经达到普通工人的 400 倍。

在投资者的退休金账户和其他账户遭受巨大损失，失业率达到很高水平的时候，华尔街的奖金计划仍在继续，这让投资者费解不已。"尽管最近金融危机期间，公司收益都急剧下降"，博格写道，"但没有多少迹象表明高管的薪酬受到很大的影响"。

华尔街的薪酬水平仍在上涨。奖金在 2009 年增长了 17%，总额达 203 亿美元，很多由纳税人出资进行挽救的投资银行，其员工的薪酬都在上涨。

公众质疑这样的薪酬水平是否合理，而银行和其他金融机构却坚持说为了留住优秀员工，较高的薪酬水平是必要的。但它们从来没有解释过，这些所谓的优秀员工在经济如此不景气的情况下，在哪里还能找到工作。让我们计算一下有多少公司已经倒闭，又有多少公司的经营已经举步维艰。整个行业的就业机会已经不多了。找工作的人比找到合适工作的人多得多。

要搞清楚高管的薪酬水平和确定高管合适的薪酬水平都很困难。当然，有能力、有智慧、遵循道德准则的管理层是可以被支付高薪的。但薪酬委员会和薪酬顾问也无计可施，他们总是去分析行业薪酬和福利的平均水平，但平均水平往往被普遍和过分的薪酬要求所操控。

2009 年后期，美国证券交易委员会提出建议，要求那些从不良资产救助计划中获得资金的上市公司把高管薪酬的决定权交给股东。委员会还通过投票的方式提出了上市公司应在股东委托书中更多披露高管薪酬的建议，并通过了一项改变了纽约证券交易所规则的决定，禁止经纪人在无客户授权的情况下，在公司选举中行使代理权。

经济学家拉维·纳加拉占强调了管理层"可靠"的重要性。"投资者常会仔细检查10-k报告，但往往会忽略详细说明高管薪酬的股东委托书。这在分析公司情况时是个危险信号，特别是在净流动资产的分析中。"

隐藏的经营信息

关于公司经营的隐藏信息主要来源于监管机构文件的附注部分。通过附注，你可以了解到以自己命名或自己创建公司的高管们以保留费的名义付给自己数百万美元。换句话说，高管们为把自己留在公司而付给自己巨额奖金。你还能发现，一个首席执行官使用公司的喷气式飞机和直升机享受个人旅行，包括送孩子上学等。比如，在2008年，阿贝克隆比和费奇公司的股价下跌了约70%，但首席执行官的个人旅行费用比2007年上涨了60%。这一切显得格格不入。

很多公司对薪酬、奖金和津贴的信息是全部披露的，但这些信息往往存在于复杂的公式里，隐藏在附注或公司基本材料的补充说明里。关于薪酬的所有信息应该出现在同一个地方，简明扼要地说明。就像纳税人一样，投资者最需要的就是简单易懂、一目了然。

9

挑选股票

The Triumph of Value Investing

嘉贝利

> 用最原始和最古老的方法挑选股票,就是我要强调的主题。

这是一个特别的地方，在这里理论和实际相结合，各种理论和学说、学术研究成果和推理得以检验。这是一个机遇。这也是我们选择购买上市公司股票的地方，这是我们比赛的地方。

在考虑投资战略时，请把如下金句牢记在心——60多年以前本杰明·格雷厄姆的观点："以合适的价格买入蓝筹股票时，投资者并不会犯错误，至少不会犯下很大的错误。但在买入垃圾股时，投资者很容易犯下大错，特别是那些出于各种原因而被迫买入时，但有的时候，应该说常常，人们会犯下在牛市高点买入蓝筹股的错误。"

巴菲特的观点：关于投资者教育。他说："只需要两门课程，怎样评估企业的价值和怎样看待市场。当然你不必去评估所有企业。从一个很小的范围开始，前提是你能够明白的。"从你具有一定经验或有一定了解的行业开始，再慢慢扩大范围。

威廉·欧奈尔的观点：尽管经常被视为图表分析员和短期投资

者，欧奈尔在购买股票之前非常重视基本面分析。"我们都明白收益率才是推动力。"欧奈尔说，"我们期望收益的快速增长，而这靠的是强劲的销售、较高的投资回报，如较高的息税前利润率。我们也期望公司拥有和别人不一样的产品，销售得到保障，和其他竞争者相比，销量遥遥领先。把所有的基本信息集中在一起后，我们会研究股票自身的行为特征。一旦基本面上发现任何漏洞，我们就不会进行投资。"

戴维·伊本的观点：伊本重复了价值投资者的警世之语——过去的业绩表现并不是衡量未来业绩的可靠指标，符合逻辑更为重要。他举例说明什么是不符合逻辑的想法。"如果你想买一份人寿保险，用以证明自己会在52年后死去，这一做法能说明你现在还不会死。"

戴维·伊本更多的观点：即便在艰难时期，还是会有成功的股票持有者。"那些可以安全度过危机时期的公司的股票，被证明是不错的投资。"伊本这样认为，"资金雄厚的大公司会碰到一些百年难遇的机会，比如以极低的价格去收购特许经营企业。"

在股票交易所购买股票时，考虑如下要点作为购买理由：

- 坚持你的投资目标。如果你寻求的是高增长，就展望将来的发展前景。如果你寻求的是收益，就考虑公司的经营质量和分红记录，总是尽可能地保护本金。
- 利用资产负债表和利润表确定某一特定股价的上限和下限。

企业的内在价值总是在资产价值和据保守估计的收益倍数之间波动。一般来说，优质的价值股股价在收益的 20 倍之内。然而，具有很大增长潜力的优质股价格可能会是收益的更多倍。

- 避免过度负债。资金短缺的企业往往发行的普通股很少，大量发行的是优先股和债券。
- 找出投资的安全边际，就像一个人人都需要的畅销产品。或者，你可以选择行业的前三名企业。这些企业生存空间较大，在经济不景气时都有可能进一步发展。
- 评估定性指标。统计数据可能会具有一定的欺骗性，让我们退一步，看看谁在经营着公司、公司经营的是什么、经营市场主要有哪些，以及其他一些指标，你对该不该买这只股票将会有更清楚的认识。

建立股票的筛选标准

有很多网络工具可以帮助投资者寻找某一特定类型的股票。如美国在线服务、微软服务网络、雅虎、谷歌等几乎所有的门户网站都有金融和投资的专栏。亿创理财公司、嘉信理财、德美利证券和其他经纪人都提供大量在线服务。如果你想自己进行研究和分析，这些网站都提供了很好的工具。

格雷厄姆曾经列出了价值被低估股票的十大特征。期望所投资公司的股票都符合十大特征是不现实的。格雷厄姆指出，只要具有十大特征中的7个，该股票就可以保证足够的安全边际。我们要记住，这些都是指导原则。这些原则可以被用于筛选和发掘价格较低的股票，也可以进行一定调整来满足特定的投资目标。

特征1~5有关风险，特征6、7衡量财务的稳健性，特征8~10强调的是稳定的收益记录。计算中的比率是已有的，很多公式都已经列在第六章。

特征1：收益价格比率（和市盈率的计算正好颠倒过来），是AAA级债券收益率的两倍。如AAA级债券收益率为4%，收益价格比率应为8%。

特征2：市盈率应为近些年来该股票平均市盈率最高值的4/10。

特征3：股利收益应为AAA级债券收益的2/3。

特征4：股价为每股有形账面价值的2/3。在通货膨胀时期，这个特征的权重更大。

特征5：股票价值为净流动资产或清算净值的2/3，这就是格雷厄姆最早使用的方法。当然这是最坏的假设，推算公司立即停业后，公司的剩余价值有多少。

特征6：总负债低于有形资产账面价值。

特征7：流动比率不低于2。这是衡量公司流动性，也就是用经营收益偿还债务的能力。

特征 8：总负债不超过公司的清算净值。

特征 9：最近 10 年的公司经营收益上涨 1 倍。没有分发股利或已经出现亏损的股票，应该立即处理。

特征 10：过去 10 年中，收益的下跌不超过两年，每次下跌幅度不超过 5%。

建立收益性投资组合的要求如下：

- 坚持股票符合特征 3。
- 特别重视特征 1~7。

建立成长型投资组合的要求如下：

- 对特征 3 不予理会。
- 特征 4~6 的权重可以适当降低。
- 特别重视特征 9 和 10。

筛选成本较低的股票

如果投资的目标是寻求安全性和股价升值之间的平衡，那么特征 3 不太重要，重点是特征 1~5，再留意一下特征 9 和 10。然而，在《聪明的投资者》一书中，格雷厄姆列出了防御型和保守型投资中对公司的 7 个简单要求：

- 一定的规模。按照今天的标准，公司的年销售额约在 2 亿美元，总资产不低于 1 亿美元。
- 财务状况良好，流动比率为 2。
- 至少 10 年中没有出现过亏损。
- 前 10 年中的收益增长率不低于 33.3%。
- 股价不超过净资产的 1.5 倍。
- 股价不超过前 3 年平均收益的 15 倍。

这样的投资战略排除了快速增长的需求，强调的是长期稳定和增长。这样的投资组合属于"买入并持有"型，主要是由稳步发展的公司股票组成，并不是牛市中的佼佼者。因此，在牛市消失之后，这样的投资组合能免受股价暴跌的影响。

可能被高估的股票

标题之所以强调"可能"，是因为一旦你确信所持有的股票已经被高估，你一定会考虑卖掉它们，并投资于价值被低估的股票。真正让你失眠的并不是股价本身，而是股票被高估的事实。对于多数投资者，卖掉股票比买入股票更难抉择。如果公司经营成功，股价升值很快，投资者会很容易爱上这只股票。我们相信它可以像奥林匹亚保安公司的服务一样，保证安全并一直持续下去。股价下滑时，我们都会耐心等待，相信一切都会好起来。而此时，市场的变化可能已经悄然而至。

股票市场失常的特征，也适用于股票本身。除此之外，对投资组合重新进行评估，也会发现一些问题的迹象：

- 高管薪酬和股息过高。
- 董事会成员的收入过高。
- 管理层和审计师之间经常发生争议。
- 频繁更换审计师。
- 资产折旧的方法经常变动。

当股票或投资组合显得价值高估时，你可以采用止损交易委托和对冲的方法，也可以直接卖掉。卖出股票的相关问题，我们会在第十章谈到。

对冲交易

对冲交易，也就是买入和最初投资相关的反向资产，是抵销和降低风险的常用方法。农场主使用对冲交易来免受谷物价格下跌的影响，石油公司和公共事业公司利用对冲交易规避石油供给的市场波动。大型跨国公司使用对冲交易得到国外经营所需的某一种货币。不要把对冲交易和对冲基金混淆起来，对冲基金是私人的投资公司，所从事的业务有时是对冲交易，有时不是。

对冲交易有很多种方法，但都要求买入的第二种资产和第一种资产是负相关。对冲的证券价格下滑时，对冲交易的逆向操作，可以把投资者的损失降到最低。

期货成为全球投资者最钟爱的对冲工具，特别是在股票投资组合的对冲交易中。

对资金量较小的投资者或个人投资者，谨慎和有效地使用对冲交易是可以赢利的。但对冲成本在降低风险的同时，也降低了收益。正因为如此，长期的价值投资者对对冲交易不太偏爱。

防守型股票

如果市场环境显示证券的卖出和经济的前景都不明朗,投资者可以持有防守型股票,而不必抛出所有的投资离开股票市场。这样的投资战略,对于很长时间都不需要使用投资资金的投资者特别有益。防守型股票可以平安度过各种经济风暴,如果它们不可避免地受到影响,通常会有更强劲的反弹。防守型股票存在于一些诸如公共事业服务、食品杂货、医药等重要行业。

如果你在将来的 5 年之内有退休计划,而市场的情形让你终日提心吊胆,你尽可以大胆地选择固定收益和保证收益的证券产品。

证券是建立合理投资组合的重要组成部分。在后面的章节里,我们将会探讨怎样把各个组成部分有机地结合起来,以建立使投资者长期受益的稳健的和平衡的投资组合。

指导网上投资

无论你在世界的哪个地方,只需点击一下鼠标,就可以查看市场行情和股价。你可以以每笔低至 5 美元的交易费,通过 100 余家网上经纪公司买卖股票。网上交易快捷和简单,很有趣，而且可以很方便地跟踪投资组合的变动情况。很多网上经纪公司都提供各种各样的服务，包括提供调查报告，以及提供它们自己发起的固定收益证券。

尽管网上投资非常高效，也受到投资者的普遍欢迎，但监管机构提醒大家网上投资也存在风险。网络为欺诈和边缘业务敞开了大门。投资者必须清楚他们是和谁打交道，他们买入的是什么产品，投资潜在的风险在哪里。而且，网上交易的速度太快，投资者应该采取额外措施以防止风险的发生。

- 清楚你在和谁打交道。核实你的经纪公司是否正规注册，经营是否符合监管的要求。毕竟，网络上陷阱重重。
- 不要使用市价委托。使用限价委托的方式在既定的价格进行买卖。限价买入的委托只有在低于限价时才可以执行，限价卖出的委托只有在高于限价时才可以执行。比如，如果你想购买的一只很受追捧的首发股价为每股 7 美元，但你不想在股价超过每股 15 美元后购买，那就可以进行每股 15 美元的限价买入委托。这样，你就绝对不会以每股 25 美元的价格买进，然后眼睁睁地看着它在几个小时或几天之内就跌到每股 5 美元。
- 要注意，网上交易并不一定是立即就可以完成的。电脑和调制解调器、经纪公司的系统、网速等问题都会导致交易延迟。而监管机构没有要求交易必须在一定的时间内完成。如果经纪公司想宣传自己的执行速度，它们必须将发生延迟的可能性如实告知投资者。

- 下单之后没有得到立即确认，不要想当然地以为交易还没有被执行，否则有可能导致重复交易的发生。要么就是买入两倍的股票，要么就是两倍卖掉自己持有的股票。如果下单后对交易状态心存疑虑，一定要联系经纪公司进行确认。

- 你在下单后又改变主意，就一定要行动迅速。订单只有在执行之前才可以被取消。即使已经收到订单取消的电子回执，在交易发生之前，取消也不一定会生效。同样，有任何疑问，联系你的经纪公司。

- 如果以现金账户买入股票，在卖出股票之前你必须付清买入款项。如果你的买卖都没有进行实际支付，那就是"自由骑马"的投机行为了。对此的处罚非常严厉，因为它违反了美联储有关贷款展期的规定，规定要求经纪公司将你的账户冻结90天。冻结期间你仍然可以进行交易，但必须在交易当日买入股票。

- 如果进行融资融券交易，也就是保证金交易，当账户余额低于最低维持保证金限额时，经纪公司可以在不通知你追加保证金的情况下强制平仓。追加保证金是一种客气的通知，不是对经纪公司的强制要求。在市场迅速下跌时，即便损失惨重，你的经纪人也可能会将保证金账户全部平仓，因为账户里的证券价值将很快地蒸发，而经纪公司不愿意它们提供融资的账户遭受损失。

- 如果问题真的发生，务必尽快处理。有必要采取法律行动时，要注意时间非常有限。首先，想尽一切办法解决网上经纪的问题。如果不行，收集齐所有的文件，联系监管机构。

10

投资组合的要求

The Triumph of Value Investing

> 常言道,精心挑选后买入的股票最后有一半都被卖掉。格雷厄姆是这个领域的专家。
>
> 沃特斯·科劳斯

本杰明·格雷厄姆相信在建立投资组合时，投资者有两种选择。风险承受能力有限的属于"防守型"，有很多时间并且容易冲动的属于"进取型"。防守型投资者，应该尽可能地保护好自己的资产。而进取型投资者，格雷厄姆指的是在追求财务增长中更有开拓性和创新性的投资者。这两种类型很好理解，但我们还要加上第三种，就是被动型投资者，或称为非投资者。没有能力或是不愿意自己管理的投资者应该把资产放到一个安全的地方，并且定期检查，以确定安置资产的地方是安全的。所有投资者，都是根据自己生活的实际情况来配置投资组合的。

　　格雷厄姆在《聪明的投资者》一书中说，我们有一个误解，认为不愿意承担风险的投资者就一定是非常保守的，因此只能获得较低的收益率。实际上有时候的确是这样，但这并不是牢不可破的法则。格雷厄姆说，收益率取决于投资者愿意付出的"聪明的努力"。

投资目标

不论你进行投资的目的是什么，格雷厄姆所教授并被追随者所使用的投资原则都是适用的。投资者需要考虑清楚他们想达到的目标，并把他们的资金投向相应的方向。

- 需要延迟缴税的投资者应该尽可能地使用避税账户，如美国公司共同承担费用的401（k）计划和传统的个人退休账户等。
- 如果避税账户的存款已经达到最高限额，你可以把富余的资金投向优质的、可以长期持有的证券。如果你还想进一步享受免税优惠，可以考虑各种优质的免税债券，当然前提是其投资收益超过投资股票和其他债券的税后收益。
- 在美国，如果你的投资不用考虑税收问题，只寻求增长，就可以好好运用罗斯个人退休账户。罗斯个人退休账户的税收是基于你投资之前的资金量，而且最后可以办理退税，因此它是全免税的。当然，你可以同时使用传统的个人退休账户和罗斯个人退休账户，也可以在同一年把资金存入这两种账户。然而，每人每年这两个账户的资金总额不可以超过 5 000 美元。比如，你可以在同一年，在这两个账户中分别存入 2 500 美元。
- 如果你寻求的是现金收益，有很多经营稳健并支付股息的证券可以选择，或者可以选择国债。市场上有各种类型、各种期限的债券。
- 以哲学原则来配置自己的投资似乎很难，对某一类企业，要么选，要么不选，而且除此之外往往没有其他选择。具有社会责任感的投资者或许会选择解决环境问题的公司，而避开使用童工，或避免选择在高压政权统治的国家进行经营的公司。这种投资和价值投资原则并不相左，实际上它们可以结合得非常好。具有社会责任的投资，无非就是通过筛除不满足自己投资需求的公司后，给整个投资多加入一个标准而已。
- 一直以来，普通股是我们战胜通货膨胀和保持财富增长最好的选择。到 2009 年为止的逾 60 年的时间里，标准普尔 500 指数的年平均收益率达到 9.2%。

正如我们前文所提到的，投资需要大量的常识，但只需要一点点贪婪。"根本不可能获取全部可能的利润。"塞思·卡拉曼说道，"对风险的防范绝不亚于追求收益的重要性。"

收益率超过通货膨胀率

很多基金经理在他们负责的基金的收益率超过标准普尔 500 指数和道琼斯工业指数的时候,即便超过不到一个点,都会很骄傲地宣称自己取得了胜利。如果你只是与指数基金相比较,就一定要把交易成本平摊到你的投资组合中——当然,你完全可以直接购买指数基金,让自己不用承担太大的压力,拥有更多的空闲时间。另一方面,投资目标应该是合理的,经营时好时坏。但投资者最低的目标应该是收益率战胜通货膨胀率,只有这样,财富增长的速度才能超过萎缩的速度,投资的收益才是真正的实际收益。尽管每年的情况不同,过去几十年的平均通货膨胀率大约为 3%。

- 如果长久以来,你的投资收益率都高于通货膨胀率,那么你的投资是成功的。当股市是牛市的时候,收益率可以轻易地打败通货膨胀率,这是值得庆祝的。
- 一般来说,投资组合中各个公司的平均销售增长率应该是 10%。

保守的投资策略

早些时候，当巴菲特经营自己的巴菲特有限合伙公司时，有批评人士称他并不是一个保守的投资者，因为他的投资总是和墨守成规相去甚远。不知道为什么，批评人士在反复交替使用这两个词：保守和传统。

"毫无疑问，其他的投资公司比我们要传统得多。"巴菲特写道，"对很多人来说，墨守成规和保守主义没有什么区别。"

这样的理解是错误的，巴菲特说："真正的保守行为是基于合理的假设、准确的事实和符合逻辑的推断。基于此，我们可能会遵循传统和常规，但也有可能会违反传统和常规。"

这个观念很难去付诸实施，但在充满恐惧和不确定性的市场环境下却非常关键。坚持格雷厄姆的基本原则——为自己着想。不要人云亦云，盲目从众。

定投策略

等币值投资就是定期使用相同的资金进行长期投资，是被动型投资者应对股票市场不确定性最传统的方法。等币值投资通常被认为和一次性投资截然相反。假设你有1万美元的资金可以投入股票市场，你可以把所有资金一次性投入，也可以把资金分成很多笔，分次定期地投入。比如分成5笔，每月投入2 000美元，连续投入5个月。这个方法让你在一个相对较长的时期内，所支付的资金是股票的平均价格，而非一次性支付一个高价。

要实现投资的简单化，建立投资的基本原则，定投是不错的选择。

很多投资者对定投的偏好源于对其高收益和规避市场波动的信任。持续不断地投资固然可以增加你的财富，但传统的定投或许满足不了你对其收益和安全性的期望。

"自从丁尼德斯在1979年标志性文章刊登之后，学术界一直在强烈批评定投这种投资战略的效率问题。"摩西·米列夫斯基教授写道，"实际上，虽然被批评了20余年，定投仍然和以往一样，受到个人投资者和媒体的欢迎。"

定投有几个缺陷：

- 往往忽视投资过程中的交易费用，有时候交易费用会很高。
- 研究显示，定投的总体收益率较低。尽管明天的平均价格要高于今天的价格，定投是投资明天而非今天。
- 和其他投资战略相比，定投并没有大幅度地降低投资风险，因为从长期来看,市场的发展趋势是持续上涨的。

如果你愿意付出一定时间做一些调查,并关注市场的情况,那么和定投完全不同的投资方法是行之有效的。首先,挑选符合投资价值标准的股票,然后根据自己的财务情况,按多样化的要求买入一些股票。只要你买入的股票和市场本身都有上涨的趋势(也会出现正常范围的市场波动),就持有它并密切关注市场。一旦发现市场过热,波动异常,或者你持有的股价还在上涨,但有价值高估的嫌疑时,有计划地抛售一部分投资资产。当然,你只需要抛售一部分资产,比如1/4,然后继续密切关注市场情况。如果风险还在持续,继续卖掉1/4的资产。在这个投资策略付诸实施的过程中,还需要考虑交易成本的问题。

当你发现基本面良好,只是由于暂时性困难而导致股价下滑的公司时,也可以运用定投的方法获利。比如,大型石油公司的股价可能会因为石油供给市场的影响而下滑,但你仍然相信公司有足够的储备和资源,可以渡过难关并赢利。与其猜测股价下滑的最低点,不如在价格下滑的过程中每个月买入一定数量的股票。公司经历了短暂的困境之后开始重整旗鼓,股价会迅速上升,你就可以从中获益。

一旦股价开始稳步上涨,你就应该停止买入并持有先前买入的份额,同时自己确定一个卖出价格的底线。什么时候卖出股票是最佳的呢？有的投资者会给股票上涨的幅度确定一个目标，达到目标后就立即卖出，比如上涨50%。然而，这个方法有时会让我们错过一些长期价值的投资机会。通常，在市盈率和市净率都超过该股票和其所处行业的正常范围时，我们会选择卖掉股票。

投资多样化

"你不可能总是去预测未来。"查尔斯·布兰帝说，"正因为如此，你必须实现投资组合的多样化。"

尽管布兰帝说的没错，但在2008年的危机中，我们发现投资组合的多样化——仅仅靠多样化不能给我们足够的保护。几乎市场的每个部分都受到了严重影响。有些股票受挫的幅度比其他股票小一些，但在每个类型的股票中也有顽强生存下来的。正如布兰帝所说的，如果我们每次都可以准确地预测股市的变动趋势，那么就没有必要实现投资组合的多样化了。我们可以买入某一只看好的股票，然后持有它。既然很少有投资者可以通过水晶球看穿未来，多样化的策略就会给我们精心挑选并带来安全边际的投资组合注入更多的平衡性和稳定性：

- 在计算总收益的时候，多样化平衡了股市波动所带来的影响。在很多市场，股票并不是一起波动的。根据五分规则，在你精心挑选的证券组合中，有 1/5 的股票会遭遇难以预见的困难并受到沉重的打击，3/5 的股票表现和预计的情况相差不远，只有 1/5 的股票会有非常出色的表现。彼得·林奇把这最后 1/5 的股票称为"10 袋"，就是长线牛股，指的是收益比最初买入价上涨 10 倍的投资机会。林奇是从棒球运动中借用了这个词，"袋"就是"垒"的俗称，所以多垒安全打，比如两垒打，三垒打就常被称为两袋、三袋。"10 袋"的股票，足以把球击出公园。投资组合的多样化给我们更多的机会去发现收益可以上涨 10 倍的股票，对组合中业绩不佳和业绩平平的股票进行收益的弥补和平衡。

- 投资组合中进行各种资产的多样化，可以在很多艰难的情况下保护投资者的利益，比如利率变动、房市低迷、石油危机和其他一些难以预测的困扰。这就是为什么共同基金经理戴维·伊本说以投资的目的持有一些房地产是很明智的。
- 把投资组合多样化的范围扩展到全球的话，不仅可以有效地扩大投资范围，还可以很好地规避国际货币波动所造成的影响。

投资多样化的第一准则

在建立投资组合时，格雷厄姆提出了两个简单可行的方法。第一是，平衡组合中股票和固定收益证券的比例；第二是，持有不同的股票要达到一定的数量和规模，在一两只股票表现异常时，不至于连累整个投资组合的收益。

采用第一种方法的投资者在2007—2008年，至少获得了一定的安全性。

根据这个理论，你在组合中应当把股票和债券的比例维持在一定的合理比例，根据利率的不同，债券的比例可以维持在25%~75%。当优质债券的利率足够高时，其比例可以高达75%。而债券的质量和利率都处于低位的时候，股票在投资组合中的比例就应该相应提高，但永远不要超过75%。在证券市场最低迷的时候，优质股票的售价极低，就应该大量购入优质股票。

还有一些其他因素也会影响投资组合：

- 收入前景较好的年轻投资者，在组合中持有的股票份额可以高达75%。随着年龄的增长，股票的份额也应随之下降。到了一定年龄，投资的安全性超越了收益性。约翰·博格曾说，他所拥有的75%的资产都是投向收益固定的债券。
- 在3年或更短的时间内会动用的资金，应该存入既有利息收入又可以随时动用的账户中。大学的学费、举办婚礼的费用，或是买房的首付款都属于这个范围。货币市场基金和大额定期存单都是不错的选择。

当然，不必对投资组合中各种资产的比例过于痴迷。常常把投资和农业进行类比的巴菲特可能会这样说："播种，好好培育，让它自然地生长，在机会成熟的时候去收割。"

现金是垃圾吗？

现金和现金等价物被认为是保护资金安全性、保存财富最传统的工具，甚至在高利率的时候还成为额外收益的来源。但是，在将来进行固定收益产品投资时要加倍谨慎。投资者在生活和市场环境允许的情况下，应该尽可能少地持有现金。

对于 3 年之内要动用资金的投资者来说，通货膨胀不是那么重要。而进行长期投资的投资者必须明白，通货膨胀对购买力造成侵蚀。通货膨胀永远都是投资者潜在的敌人。如果你的投资收益率低于通货膨胀率，那么你就在不断地损失购买力。也就是说，你的财富在不停地缩水。

巴菲特说，随着 21 世纪美元价值的变化和人们对通货膨胀的较强预期，现金成为一种风险很高的资产。"现金是一种很糟糕的投资资产。我在 2009 年年会上强调过，现金为王的想法是彻底错误的，因为这样的投资理念会使我们以货币来计价的投资变得越来越缩水。我们控制不了投资资产萎缩的速度，但我们可以选择资产投资的方向。"

由于劳民伤财的战争、各种经济复苏计划、高失业率所造成的税收减少等多种原因，政府一定会扩大支出。政府一旦加印钞票，势必引发通货膨胀。投资者该怎么应对呢？

- 尽管美国股票市场在过去几十年中业绩非常不稳定，但蓝筹股仍是抵御资产缩水最好的选择。
- 在通货膨胀预期加剧时，投资者可以考虑包括房地产在内的其他投资方式。黄金是抵御通货膨胀的传统方法，在21世纪的头10年里黄金投资非常活跃，以至于价格被抬得过高，但在正常时期，通过黄金来实现财富的保值和抵御通货膨胀是值得考虑的。和持有现金的危害同样重要的是，投资者需要持有一定的现金以保证个人的生活有备无患，也在好的投资机会出现时，给自己留有余地。

投资多样化的第二准则

巴菲特经常说，如果你可以发现一个杰出的公司并持有它的股票，生活就会变得很简单。这是多么简便易行和有效的方法呀！不过，这可能只出现在理想的世界里，而不是现实的世界里。即使拥有谷歌的三大巨头——创始人拉里·佩奇和谢尔盖·布林，以及首席执行官埃里克·施密特，每年也会卖出一小部分谷歌的股份，并且有计划性地按步骤进行其他投资，以便分散投资过度集中于谷歌的风险。

在 1929 年的股市崩溃之后，本杰明·格雷厄姆的投资组合中包括了大量不同种类的资产。他发现了很多被严重低估的股票，但那时的市场充满了不确定性，很多公司的经营都危在旦夕。格雷厄姆在投资资产的数量上找到了安全感。通常，他的投资组合中至少会有 30 只股票——股票价值越被低估，他持有该股票的意愿就越强烈。

"我们的主要业务就是买入价格低于净流动资产的普通股"，他说，"随后再卖出这些普通股，当然卖出的价格要保证年收益率达到 20% 或以上；我们的投资组合中经常都会有超过 100 只这样物超所值的股票，它们中约 90% 的股票在过去 45 年中都贡献了令人满意的收益"。

巴菲特曾经警告说，持有太多不同种类的股票，就意味着你不能很好地了解每只股票。"每次新的投资决策都应该和自己目前已经持有的资产进行比较。比如，我们一般都是把新投资的股票和可口可乐公司的股票相比较。比较之后，只有在你对新股票的偏好超过了所有已经持有的资产时，你再买入新的股票。对很多人来说，问题在于你必须了解自己目前持有的资产情况。如果你持有的股票种类太多，你不太可能了解全部。这是最重要的投资原则之一，也是个人投资者最容易遵从的原则，但往往都被忽视。"

即使如此，就投资回报而言，并不存在持有股票数量的上限。"只要遵循严格的价值原则，收益不会因为投资组合中股票数量的增加而被稀释。"查尔斯·布兰帝说道。

我们很难同时研究和追踪100只不同的股票。通常开始时有10只股票就差不多了，特别是投资资金规模较小，比如不高于10万美元时，控制股票的数量就很重要了。当然，随着经验和资源的增长，你所持有的股票数量也可以相应地有所增长。

产业集团

投资者经常被建议选择目前经济中最好的产业集团，然后挑选集团里价格最低、经营最强劲的股票。戴维·伊本建议，到满足全球日益增长的中产阶层需要的行业中寻找好的投资机会，比如食品、能源、电信等行业。这些行业一般都有市场进入的门槛，从而可以确保合理的资本收益率。

巴菲特的观点和伊本有些接近。在2009年写给股东的信中，他写道："我们的伯灵顿北方圣太菲铁路运输公司和公共电力服务一样，都具有很重要的经济特征。两者都提供基础服务，一直以来也将继续产生较好的经济收益。"

伊本会投资科技股,前提是基于适当的分析。"但我们不会选择最新和发展最快的高新技术股,因为到明年它们大多都会从市场上消失。"

投资全球化

直到20世纪晚期,巴菲特和其他一些美国著名的投资家都不太接受海外投资。巴菲特认为他很清楚美国国内证券交易所的想法,它们认为美国的优质公司已经太多,根本没有必要到国外发展。但是,那个时代已经过去几十年了。在意大利的商业巨头菲亚特公司持有克莱斯勒公司20%的股份,卡夫食品公司拥有传奇的英国糖果制造商吉百利,伯克希尔·哈撒韦公司拥有电动汽车制造商比亚迪汽车10%的股份,以及以色列伊斯卡金属切削集团(本身还拥有日本泰柯洛超硬工具公司)大部分股份的情况下,我们怎能不把如今的商业世界看作一个国际大家庭呢?

目前,在投资组合中包含海外资产是很重要的,一方面是因为较强的经济增长大多发生在海外,另一方面是因为美元在全世界范围内的购买力都在下降。持有海外资产可以抵御美国股票市场的波动,尽管在2007—2008年,大多数海外市场都跟在美国市场之后受到沉重打击。当然,全球也有诸如中国、巴西、德国和加拿大这些政府稳定，经济增长，国债水平较低的国家成功地度过了金融危机。

戴维·伊本尤其喜欢在经济持续发展的国家寻找投资机会。"长期来看，新兴市场国家一定会成功的。"伊本相信，"它们需要大量基础设施建设，就会持续地发展消费经济。更重要的是，与发达国家不同，中国和印度有足够的储备满足资本支出的需要。"

实际上，在2009年，新兴经济体的基金价值也在飞涨。比如，TREMX基金在当年上涨了113%。

美国投资者有三种方式可以参与国际市场：

- 投资封闭式全球基金。
- 通过在美国证券交易所上市的外国公司进行美国存托凭证的操作。市场上有数以百计的存托凭证公司，包括英国石油公司、印度尼西亚电信公司和法国的石油公司道达尔公司。
- 购买有国际市场经营的美国本土公司的股票，比如卡夫食品、谷歌、微软、通用电气等。通用电气的经营区域涵盖了100多个国家，有1/2以上的收益来自美国以外的地区。

金砖五国

按理来说，所谓的金砖五国，就是中国、巴西、俄罗斯、印度和南非。它们是目前最受全球投资者欢迎的市场。据估计，到2050年，这五个国家的富裕程度将会超过目前主要的经济体。据高盛集团全球经济学家吉姆·奥尼尔2010年的预测，到那时，中国和印度将会成为全球制造品的主要供应商，而巴西和俄罗斯将会是原材料的主要供应商。2003—2009年，这五个国家中的前四个经济总增长率达到了500%，充分地说明投资者把眼光拓展到国外的必要性。

尽管这些国家在经济管理方面取得了很大的进展，但这些国家的投资也存在一定风险。我们对这些国家的预期都是基于推测，而未来不一定总是可以预测的。每个国家都会存在自己的社会问题和政治问题。

黄金投资

几千年来，黄金一直深深地吸引着投资者，黄金的确在21世纪初期有过令人难忘的市场表现。黄金价格在1995年曾一度停留在每盎司370美元，2009年年末已经上涨到每盎司1 059美元。虽然2009年后期上涨的趋势有所缓和，但没有迹象表明黄金价格会很快下跌。

戴维·伊本鼓励大家，在高价下也持有一些黄金来应对通货膨胀。伊本说，不管通货膨胀有多高，历史上每盎司黄金都可以买到一套体面的男士西服。"黄金肯定不是最好的选择，但至少黄金不能像货币一样，想印多少都行。"

很多投资者都意识到黄金作为投资工具的局限性，只是出于现实的考虑才选择它。巴菲特也认可黄金投资的重要性，但他建议人们应该合理看待贵金属投资，"你可以说黄金和艺术品一样都是资产，但它不是真正意义上的投资，因为它不产生收益，而邮票和农业都是投资。如果你愿意，你可以就黄金的成色进行投机，但实际上，除非有人愿意购买，投机才算成功。"一旦人们不再感兴趣，资产就没有价值了。

巴菲特认为，黄金的重要性将会不断地减弱。很多投资者都认同这一说法：黄金不是真正意义上的投资，因为它不产生收益。然而，它的确是保存价值的好方法。在投资组合中持有一定比例的黄金，比如5%，是很明智的选择。

比起黄金，伊本更偏好于与黄金开采有关的股票，特别是拥有可观的黄金储量，但控制开采速度的企业。他会运用企业的市值、债务、资本性支出的需要和经营成本来计算每股黄金的总成本，并根据计算结果来判断该企业开采和销售黄金的前景。如果有合理的安全边际，他就一定会选择。

伊本解释说："如果你有价值200亿美元的黄金存放在银行，你问别人值多少钱，他们会说就值200亿美元。如果你把所有的黄金埋在地下，并掩埋起来，人们会说只值100亿美元。把它们从地下挖出来还要花上30亿美元的成本，因此，你花费了130亿美元去寻求价值200亿美元的黄金,其实也就是以相当于价值70%的价格买入投资资产。"

你也可以从美国铸币局直接购买金币,但必须妥善保存。投资黄金的另一种方法就是购买黄金交易所交易基金,以更加简单的方法买卖和持有黄金等价物。通常,黄金交易所交易基金收取9.4%的交易佣金和保管年费。鉴于黄金交易所交易基金的构成很复杂,监管又很有限,选择一定要谨慎。

请牢记在心的是:和其他保值产品一样,黄金价格既会暴涨也会暴跌。更要记住的是,黄金投资有很明显的情绪特征:在黄金投资热中,市场上满是投机者、推波助澜者,以及从诚实的投资者手中夺走现金的金融骗子。

共同基金

共同基金是一种便捷的投资方式,种类繁多,几万种选择使之成为主要的投资产品。可是从总体上说,共同基金的业绩表现并不算太好,调查费和管理费推高了投资的成本。某些基金不收取销售佣金,但并不是免费的,比如会收取管理费。

多年以来,优秀的股票基金给股东创造的收益率,总体上比美国股票市场大约低2%。先锋基金的创始人约翰·博格曾经写过一本书，就为了说明绝大多数的投资者（包括非营利性组织的投资基金）如果投资成本较低的指数基金，收益会更好。即便是无佣金的基金管理费也比指数基金要高。

美国股票市场在 2009 年开始反弹，共同基金疯狂上涨，随处都是涨幅达 25%~35% 的基金产品，其中也包括很多价值基金。这样惊人的变化可能是因为净资产在前两年过低所造成的，即便如此，将近 2/3 的基金收益都超过了道琼斯工业指数股票。那些没有时间或兴趣进行股票分析和市场研究的投资者，就可以选择价值共同基金，虽然在选择基金时也会涉及一些分析和对比的工作。

追踪收益

无论其技术含量如何，我们都有很多种方法可以跟踪股票的业绩情况。我妈妈采用的方法很简单，就是随身携带一本小小的笔记本，如实地记录股票的购买日期、买入价格，甚至分红记录。她很少卖出，但会定期阅读报纸的财经版，查看股票的价格情况。如果发现异常现象，她会做进一步分析。她在 20 世纪 80 年代从她母亲那里继承 1 万美元的股票，这不仅负担了她的退休生活，而且在 25 年里使本金上涨了 12 倍。她就像护着蛋窝的老母鸡，用简单和认真的态度处理这一切，结果却很不错。

如今的我们拥有更多的信息和工具，但困惑和焦虑也与日俱增。好像我们了解越多，担心就越多。担心是多余的，但定期跟踪收益和检查持有的资产是必要的。

"选择某只普通股可以瞬间完成，不过持有它就是一个很长的过程了。"格雷厄姆和多德说，"成为股民之前需要认真分析，在成为股民之后也同样需要。"

同时，用于市场调查和证券分析的电脑程序，一般都含有历史交易查询和实时交易记录的功能模块。包括美国在线这样的网络门户，以及亿创理财或嘉信理财这样的服务商。而像 Quicken 这样的理财软件程序还可以与报税软件兼容。买了股票后就焦虑不堪的投资者应该避免天天看盘，但对投资组合的整理至少是每年一次，出现异常情况时至少每季度一次。

最佳的卖出时机

巴菲特常说，他最偏好的持股时间是永远，他在过去几十年中不断地用行动来证明自己的偏好，比如直接收购整个公司。一旦被收购的公司成为伯克希尔·哈撒韦公司的子公司，他关注的重点就从股市的波动变成公司赢利和创造现金的能力。巴菲特的这个方法是随着伯克希尔的壮大才实现的，对我们来说并非切实可行。但巴菲特建议没有合适的理由就不要处理投资的观点，我们依然赞同。

掌握股票卖出和买入的时机，都很重要。可能会有无数的理由让你卖掉股票，一旦卖出的动机变得清晰，就不用再犹豫。

有时，卖出股票是出于个人原因：

- 你对风险的承受已经不堪重负，股票已经让你彻夜不眠。
- 其他投资机会不期而至，或出现了紧急情况而使支出上升。
- 已经取得或接近自己的财务目标。你打算买房、你的孩子要上大学了、你要退休了。
- 当上述的这些时间到来时，你会想把更多的投资转成固定收益型资产。

有时，卖出股票是出于市场原因：

- 股票的优秀业绩会使你的投资组合比例失调。如果组合中受投资者追捧的股票权重过大，你最好尽快调整比例。格雷厄姆就坚持在收益达到50%或其他目标时，立即卖出。
- 公司正在破产。我们买入股票是基于良好的基本面，但管理、销售、现金流或其他基础因素彻底改变了公司的经营情况。
- 股价没有上涨。你又发现了其他有望带来更好收益的股票。
- 分红被削减或取消。不仅使你的收益减少，还是公司盈利能力下降的征兆。

卖出股票时放慢行动

一方面,我们总是试图通过判断股票的风险来实现投资收益的最大化。另一方面,股票出现任何风险时,我们都不必惊慌,更不必因为风险而频繁地进行交易,因为经纪人的佣金会悄无声息地吞噬你的投资收益。一年中几次成功交易的收益,可以轻而易举地超过一天中数次交易收益的总额。

但是,如果你坚信对经济、市场和你的投资组合产生影响的因素是长期性的,长此以往可能会侵蚀你的投资,就毫不犹豫地出售股票、保卫你的收益。

卖出股票的比重

如果股票的收益率不错,你也相信它的基本面,可以考虑卖出一部分以获取收益,比如50%的股票,让剩下50%的股票收益率继续增长。这样,你不仅可以确保一定的收益,还可以在股价下跌时弥补一定的损失。

在考虑投资总收益时，税收是不能避免的因素，但要牢记投资就是为了赢利。资本收益是你想要的，且要高于最低收益率。在美国，持有股票一年以上就可以免收资本利得税，在那之后，很多人只用付出 15% 的税。股票的损失还可以抵扣其他收益的资本利得，比如共同基金。从其他收益中抵扣的净损失，最多为 3 000 美元。

一旦决定卖掉某只股票，格雷厄姆会立即买入具有潜力的新股票进行替换。

为收益而投资

股息被称为"你可以信赖的成长的秘密"，前文我们曾提到股息也可以贡献安全边际。对于想待在股票市场又急需收入的投资者，股息就是他们的福音。

2007 年市场调整以前，道琼斯工业指数的股息收益少得可怜，好像只是为了间接证明它为公司的成长做出了贡献和牺牲。2008 年年末和 2009 年年初，局势彻底被扭转。分红的股票平均收益率超过 5%，比债券的收益还要高出 1%~1.5%。更何况，不像债券的收益是固定的，股票的股息和股价都还有上涨的可能。

债券基金的基金经理努力通过选择合适的交易时机和资产多样化来弥补债券的不足，但努力的空间也很有限。

在大傻瓜投资网站上，塞莱娜·马然科娃这样解释说，2009年中期，麦当劳每年支付每股2美元的股息。"如果你刚买入，那你的分红收益率为3.6%……但我是在大约3年前买入的，那时的股价非常低，所以我的股息收益率达到了5.5%。"她写道，"如果麦当劳平均每年增加12%的股息，12年中的股息将达到每股8美元，相当于21%的股息收益率。如果是15年，股息收益率就是达到30%！这只是股息，不管股票是否升值都会有收益。"

尽管如此，分红的股票也会出现股息下降或全部取消的风险。当股息极多时，风险就开始凸显，因为过高的股息往往导致过低的股价。

要避免风险的发生，就需要分析公司收益是否可以确保股息分配的可持续性。到市场上发现那些债务相对较少，现金充裕（资产负债表中反映），收入、利润和利润率都在增长的公司。对应收账款和库存增长率超过销售增长率的情况，要十分谨慎。

在对投资组合进行评价时要注意，投资的总收益来自股价上涨和股息分配。

股息再投资

如果你不需要立即取得股息收益，在不投入任何时间的情况下，你可以登记加入股息再投资计划，在每次股息分配后自动买入新的股份。不仅定额投资的成本很低，而且还实现了股息的复利收益。

很多公司都提供股息再投资计划，就是将分配的股息自动买入更多股份。买入的股票达到一定份额后，投资者就可以申请加入股息再投资计划。

加入了股息再投资的计划，投资者就不再收到现金分红，而是直接投资于更多的公司股票。不必通过股票经纪，或等着积累足够的资金，股息可以立即通过再投资实现股价的上涨和复利收益。但不管是否加入再投资计划，美国投资者必须就每年的股息收入支付税金。

有的股息再投资计划不收取任何手续费，也有收取其他费用和部分手续费的情况。

股息再投资计划中买入的股价，取决于公司最近一段时间买入股票的平均成本。

在股票价值被高估时，价值投资者不应选择股息再投资计划或定投，而是要迅速决定是继续持有股票获取股息，还是立即卖出获取股价收益，并重新买入股息分配正常但价值被低估的公司。通常，立即卖出后再去寻找新的投资机会是更好的选择！

最佳的投资战略

PERSI 基金的首席投资官罗伯特·梅纳德，于1992年接管该基金，当时 PERSI 基金 1 年期、5 年期和 10 年期收益率都属市场末位。奉行简单投资战略的梅纳德，成功地使资产约 90 亿美元的基金扭亏为盈，到 2009 年中期时，基金的 1 年期、5 年期和 10 年期收益率分别上升至市场的第 33、第 10 和第 18 位。

在提高收益率的过程中，他远离了杠杆投资、选择市场时机的适时进出投资法、复杂的投资战略和对冲基金等海外资产。因为他发现，在市场低迷时这些产品存在很大的风险。

梅纳德说："常规的投资目标方法就是在市场平静时按兵不动，是为了在市场波动和疯狂的时候可以有更大的生存概率。"

梅纳德是这样看的："建立投资组合是为了在市场平稳时挖掘更深的收益，也可以是为了很快度过市场危险期而生存得更长。不是不可能，但很难同时取得两个目标。"

11

投资中的特殊情况

The Triumph of Value Investing

塞缪尔·约翰逊

> 好奇心是活跃的思维方式最典型和明显的特征之一。

投资中的特殊情况是股票市场中最难理解，也最具风险的地方，尤其是在股市的低潮期更为突出。但就像命运的安排，在认真的分析与合理的判断下，你会幸运地发现特殊情况有可能为财富增长立下汗马功劳。包括股票的首次公开募股、公司的合并与收购、企业破产、可转让证券、权证和经营不善的公司股票等，它们无处不在，而且随时都有可能出现。

通常只有经验丰富的投资者才会在特殊的情况下进行投资，实际也不总是这样。

假设现在你为 A 公司工作，公司持续赢利并且员工持股，现在向员工提供认购新股的机会。你非常清楚公司股价一直稳步上涨，公司产品前景光明，并相信公司有朝一日会公开上市。

或许你为 B 公司工作，公司是生产创新型产品的新公司，但所从事的是你所熟悉的行业。公司正要上市，你可以选择加入。

两个选择都是新的机会，但 B 公司的风险要更大一些。这两家公司都在巴菲特所称的"能力范围之内"。你的行业从业经验、对技术的熟悉程度和管理的能力，都可以得到很好的发挥。

特殊情况出现时，我们需要头脑冷静、行为谨慎，必要时可以修改自己的投资原则。美国政府雇员保险公司的购买对于格雷厄姆来说，就是一个特殊情况。巴菲特的职业生涯中也碰到过很多特殊情况，特别是在伯克希尔·哈撒韦公司的发展过程中，异常情况发生时，管理人员总是让巴菲特去充当救星或大买家。

首次公开募股

对于历史较短，但经营充满活力的公司的首次公开募股，投资者的狂热不亚于 1849 年采到金矿的矿工，这样的狂热还一直持续着。凭借微软、谷歌和其他明星股票一夜暴富的故事，让首次公开募股在投资组合中占有了一席之地。其实，大多数的首次公开募股都不是很成功，只有很少一部分人为此变成百万富翁。首次公开募股的股票通常以难以维持的高价发行，上市之后要很久才能重新回到发行价的水平。

曾有人对美国 1968—1998 年发行的 2 895 只首次公开募股的股票进行研究，发现平均年收益率居然是 -45%。尽管发行前都有较强的升值预期，大多数首次公开募股的股票都经不起时间的考验，最终彻底失利。在 20 世纪 90 年代末期的网络狂潮中，包括 VA Linux 和 TheGlobe.com 在内的很多公司都经历了首次公开募股后暴涨 1~3 倍，然后持续下滑让投资者手足无措的过程。只有那些有远见的投资者，通过快进快出而收益颇丰。

公司上市是为了筹集资金，所有权人可以把风险投资和股权一并套现，而股东们看重的是流动性。为获取一定的股权份额，新投资者投入资金，并通过公司的各项经营和发展战略为股东创造更高的价值。

因为没有可供参考的历史数据，个人投资者很难对新股上市及之后的价格趋势进行预测。不仅如此，大量首次公开募股的公司都正处于增长的过渡期，给公司的前景带来了更大的不确定性。

但有一点是很清楚的：大量公司首次公开募股的涌现正是牛市已达顶点的信号。希望公司以合理价格上市的企业家们，都得到了期望中的大量现金。

网络泡沫最辉煌的 1996 年，美国共有 675 只股票首次公开募股。而网络泡沫破灭后的 2001 年，美国主要交易所上市的首次公开募股只有 80 只股票。

另外，2001 年的"9·11"恐怖袭击事件影响了市场的流动性和总体经济运行，2001—2003 年首次公开募股的迅速缩减，似乎是合情合理的。

恐怖袭击的阴云在华尔街渐渐散去，首次公开募股又渐渐地回到了人们的视线范围。紧接着，2008年的全球经济危机引发了全球首次公开募股数量的再次锐减，2007年，美国共有159只股票首次公开募股，而2008年只有区区20只。

在充分理解其特点的基础上，首次公开募股是非常不错的投资机会，因为是以发行价买入股票。在涉足首次公开募股时，如下要点会为你提供一定的指导和保护：

- 进行深入的调查和研究。对私人持股公司进行客观的调查和研究很重要。认真研究有关公司的信息，最好是横跨几年，跟踪有关公司的新闻报道，并就财经新闻和公司网站披露的相关数据进行仔细分析。公司一旦宣布在交易所首次公开募股，有关公司的分析报道和评价都会席卷而来，请关注它们中的任何一条。甚至可以通过网络查阅员工评论、行业简讯和任何有用的信息。
- 一定要仔细阅读招股章程或是监管机构的相关文件。阅读的过程毫无疑问是非常枯燥的，却是进行首次公开募股投资必不可少的步骤。监管机构会对招股章程进行过仔细审核，还会就相对薄弱的地方提出进一步披露、解释和补充的要求。申请首次公开募股时，谷歌公司在美国证券交易委员会 S-1 表格[①]中声称针对雅虎公司的起诉没有法律依据。证券交易委员会认为谷歌公司无权就此法律事务妄加论断。谷歌删除了相关的论述，并以 270 万股股份与雅虎达成庭外和解。鉴于监管机构的监管，首次公开募股相关文件的表述都趋于谨慎，很多公司都意识到过度承诺或无法实现将会严重影响公司的声誉。

- 选择由具备一定实力和知名度的经纪公司所承销的股票。一般来说，好的公司发行股票时会选择规模大、知名度高的承销商。除非是上市公司的主要和长期投资者，否则一般的个人投资者很难介入规模较大的首次公开募股。

- 股票经纪人卖力宣传首次公开募股时，请加倍小心。很有可能是承销商的销售出现问题，所以才进行声势浩大的促销宣传。

- 注意股票的禁售期。公司上市后，内部人员在既定的时间内不允许卖出股票，这个期限通常为 90 天，甚至是 1 年，是为了保护公司以外投资者的利益。当新上市的公司存在一些不为人知的情况或经营出现异常时，内部人员可以故意拖延采取行动，并在公众察觉问题之前把持有的股票抛

[①] S-1 表格：美国证券交易委员会备案文件，供计划上市的公司用作注册其证券的"注册声明"。——编者注

得一干二净。为了增强股民的信心，有的公司会把禁售期定得很长。当你发现没有出现内部股份转让时，并不一定是好兆头，因为内部人员可以耐心等待禁售期的届满，然后合法地迅速抛售持有股份。

- 密切关注交易所交易基金——市场上基于首次公开募股指数的交易所交易基金。在本书前文提及，交易所交易基金有自己特有的长处和风险。要记住的是，首次公开募股的总体质量偏低时，基金的业绩不会太好。交易所交易基金的设计初衷就是反映它所代表的市场，总的来说，首次公开募股是发展迅猛但高风险的业务，基于首次公开募股的交易所交易基金将会反映出这一事实。

谷歌的首次公开募股

正当我们认为首次公开募股投资不是一个好主意时，市场上出现了一个例外的典型，打破了所有规则，让大家吃惊不已。在其招股章程中，谷歌的创始人拉里·佩奇和谢尔盖·布林充满信心地宣告谷歌将会有别于其他所有的公司，而随后的事实也证明了这一点。

2004年上市以前，谷歌在市场上经营还不到6年，布林和佩奇极力推迟公司的上市安排，直到再也无法回避。为了合理的投资回报，公司的风险投资者和个人投资者推动了谷歌的上市，谷歌运用首次公开募股筹集的资金来保证其股价增长。

与其他想公开上市的高新技术公司相比，谷歌从一开始就具有很多优势。不像其他的竞争者，谷歌在市场上已经经营了几年并迅速赢利，虽然，如何从网络搜索定位广告中获取巨额利润，至今还是个秘密。

在首发的前期，金融专家预计谷歌的价值将会达到 300 亿美元。2004 年 4 月 29 日，按照美国证券交易委员会对首次公开募股文件的要求，谷歌提交了 S-1 表格。

当时，网络泡沫刚在几年前破灭，硅谷的首次公开募股声名狼藉，谷歌的申请上市登记表扭转了大家对互联网的看法，投资市场像被打了一针强心剂。当意识到谷歌的广告收益和利润率都很可观时，分析人员断定它就是下一个投资热点。

据谷歌自己披露，2003 年 9.619 亿美元的收入创造了 1.065 亿美元的净利润。2002—2004 年，销售量上涨 177%。自 2001 年以来持续赢利，并坐拥 4.549 亿美元的现金和现金等价物。

拉里·佩奇也曾警告潜在投资者："谷歌不是一个常规企业，我们也不打算成为常规性的企业。作为私人持股公司，我们采用不同的管理方法。我们还强调创造性和挑战性的公司氛围，正是这些使我们向全世界的人们提供公正、准确和免费的信息资源。"

独立于华尔街，谷歌说它不会向行业分析员提供任何有关收益预测的分析和指导，并声称所有的公司决策都会基于公司的长远考虑。最令人吃惊的是，谷歌打破了传统的承销方式，转而采用通过电脑操作的荷兰式拍卖。为了证明自己的与众不同，谷歌还在公司实行了双重股权的体制，佩奇、布林和首席执行官埃里克·施密特仍然全权控制公司。

谷歌的首次公开募股是在2004年8月18日，以每股85美元的首发价卖出19 605 052股，共筹集达16.7亿美元的资金，公司市值达230亿美元，虽然没有达到公司的预期，不过资金也算充裕了。筹集资金中一部分被留作公司的发展之用，还是有一部分公司员工一夜之间成为百万富翁，而佩奇和布林在27岁就跻身超级富翁的行列。谷歌立即成为个人投资者的新宠，股价曾一度飙升至每股715美元。尽管在2007—2008年遭遇了严重的市场下滑，谷歌的股价从未跌破发行价，2010年初期每股还超过567美元。

并购业务

价值投资者经常会不由自主地关注并购业务。按照价值投资原则，他们常常会选择价值被低估的股票，这些股票一般就是被收购的目标。价值投资者选择的一般都是资本规模较小或适中的公司，因为这类公司的评估相对容易，且鲜有机构投资者。也有投资者选择价格较低的二流和三流公司，希望在它们被收购后获取收益。在深思熟虑和谨慎评估的前提下，格雷厄姆也赞成这种投机行为。

在商业周期的特定阶段，并购和首次公开募股一样都会激增。在熊市，即使只有一个行业触底，都会出现大公司吞并小公司和竞争者的现象，相同的故事在每次经济衰退时都会上演。

2007年的经济衰退稍微有些不同，政府的不良资产救助计划减少了并购的发生。政府先后为美国国际集团、高盛投资公司、房利美、房地美提供了保护，致使2009年的并购业务大幅下降，比如收购业务同比下降28%。这和2009年的股价回升相呼应，19%的增长率是6年来的最好水平。在美国政府援助的情况下，还是有一些公司进行合并。

在2009年，辉瑞和默克制药公司、百时美施贵宝公司都分别向规模较小的竞争者提出过收购要求。埃克森·美孚成功收购XTO能源，一贯靠收购促进发展的甲骨文公司也收购了太阳微系统公司。

全球化趋势的反思

过去几十年的企业并购情况很好地反映了世界经济的变化，即全球化经营的趋势日渐增强，而企业合并的情况也反映了这个趋势。仅在1997年，跨境交易就达2 333笔，交易价值约为2 980亿美元。

比利时公司在2009年以520亿美元买下安豪泽布施公司，这就是当时全球化最典型的例子。新公司百威安博成为全球最大的啤酒公司，在30多个国家开展生产，销售覆盖了130多个国家。产品包括百威啤酒、米查罗布啤酒、比利时时代啤酒和贝可啤酒，最大的竞争者是位于伦敦的英国南非米勒酿酒公司（SABMiller），也是全球化经营的典范。

有些跨国的并购交易并不顺利，比如德国戴姆勒·奔驰公司和美国克莱斯勒公司的合并就以失败告终。它们都是赫赫有名的大公司，对投资者来说，要真正了解它们是不小的挑战。在合并和收购的交易中，有几点是必须记住的：

- 并购资产的评估类似购买股票时对公司的评估，包括过去的收益情况、将来可持续的赢利能力、对比式评估和现金流评估。与类似的企业和类似的交易进行比较，也很有用。
- 很多并购交易的结果不尽如人意，投资被收购企业更具吸引力。

投资者大多只关心合并后新企业的利润率，而套利者只关心交易达成的可能性和交易完成的时间。

如果企业合并的交易是通过股票互换得来，就会产生套利行为，也被称为风险套利。套利者卖出收购企业股票，而买入被收购企业的股票。

通常被收购企业的股价会低于收购企业的报价，两者之间的价差主要取决于交易完成的可能性和时间，以及交易条件。收购完成后，按照收购协议所确定的交换比例，将被收购企业的股票转换成收购方的股票。套利者用转换后的股票弥补头寸的不足，最终完成套利行为。

发现套利机会后，投资者会一哄而上，套利空间立即消失殆尽。并购中存在很多未知数，风险主要来源于企业合并不能如期完成或收购价格发生不利变动等。交易中也存在很多障碍，包括任何一方无力满足合并的条件，未能取得股东的同意，未能取得反垄断和其他的监管许可，以及发生影响双方收购意愿的事件。

卡夫食品公司

卡夫食品公司首席执行官艾琳·罗森菲尔德，在2010年向英国吉百利公司提出友好的收购请求。从第一天起，她就明白吉百利公司的管理层会咬牙切齿，接下来发生的事情很富有戏剧性。罗森菲尔德不远万里前往吉百利公司与董事会会晤，他们指责她不懂英国人的规矩。拥有9%的卡夫食品公司股份的巴菲特认为，卡夫食品对吉百利的报价太高了。

整个交易看上去一切正常，两家公司的财务状况良好，都是食品、零食和甜食的顶级厂商。

卡夫食品是美国最大、全球第二大的食品公司，经营范围遍及全球 155 个国家，耳熟能详的产品包括奥利奥饼干和干酪通心粉等方便食品。卡夫食品公司于 2001 年上市，并在 2008 年成为道琼斯工业指数的成分股。2009 年的销售收入超过 420 亿美元，实现净利润 29 亿美元。

作为全球闻名的巧克力品牌，吉百利还拥有纯牛奶巧克力、拜尔咳嗽糖浆、极度劲凉薄荷口香糖等知名品牌。

包括现金和卡夫食品股票在内，170 亿美元的最初报价被吉百利公司严词拒绝。为筹集更多的资金用于此次收购，卡夫食品公司迅速以 37 亿美元的价格将自己在北美的比萨业务卖给雀巢公司。随后，卡夫食品公司将报价提高到 194 亿美元，交易随即顺利达成。

华尔街对卡夫食品收购吉百利反应冷淡，波欣广场资本管理公司的经理比尔·奥科曼却是个例外。

卡夫食品公司的收购计划在很多方面都被大家所称道。吉百利的投资者转眼成为领军全球市场的卡夫食品公司的股东。卡夫食品的股东收购了知名品牌吉百利，并受益于其在新兴市场的新投资。基于对分红和收益率的预测，奥科曼称新公司合并，当年投资收益率将达到 50%。

"我很少用便宜来描述收购业务。"奥科曼说,"但毫无疑问,卡夫食品收购吉百利的价钱是很划算的。"

优先股

优先股被看作普通股和债券的混合体,为重视收益的投资者所偏爱,优先股股息是固定的,分配时优先于普通股。而且,在公司破产时,优先股股东享有优先于普通股股东的受偿权。这些特征给优先股带来了额外的安全性,但值得注意的是,优先股的地位优于普通股,不过却次于债券。

发行优先股的条件千差万别,而优先股最重要的特征就是积累和非积累的区分。在普通股分红之前,所有的未分配利润优先支付给优先股股东。如公司没有股息分配,非积累优先股股东就什么也得不到,即便公司回到繁荣时期,以前拖欠的分红也是一笔勾销。

影响优先股股票价值的因素还很多,比如:

- 是否具有投票权。
- 股息收益率是固定还是可调整的,在公司净利润上升时是否有额外分红的"参与系数"。
- 优先股股票是否可以转换成普通股。

优先股股东牺牲资本收益是为了较高的分红和收益的安全性，除非是可转换证券。

"不要去转换可转换证券"是一句很古老的华尔街名言，意思是说，你买股票的初衷如果是获取分红收益和收益的安全性，那你最好一直坚持这个投资战略。

优先股对于个人投资者不是很好的选择，对公司投资组合来说却颇具吸引力。这是因为个人投资者的分红收益要缴纳联邦税，而公司只需就优先股分红的30%缴纳公司所得税，其余的70%分红收益享受免税。基于不同的利率和税收要求，或许个人投资者投资公司债券和市政债券的净收益还会更高。何况，在公司破产清算时，公司债享有更优先的受偿权。

给全球的投资者一句忠告：对优先股的监管，各国政策有异。在加拿大和英国，优先股使用广泛，在股票市场中占比较大。

投资优先股的另一个方法就是通过交易所交易基金买入一篮子优先股股票。美国优先股指数基金就持有构成标准普尔500指数的优先股。

可转换证券

可转换证券和权证完全不同，但有一个共性：它们的收益都取决于公司股票将来的价格水平。

经营一旦陷入困境，公司就会发行可转换证券。市场风险较高时，投资专家喜欢选择可转换证券而非普通股，因为可转换证券具有更大的操作灵活性。

公司发行可转换证券也是为了筹集资金。信用评级较低的公司很难通过传统的融资方式获得资金，就会发行可转换证券快速筹集现金。公司的声誉和信用不佳时，融资成本会相应上升，随之出现的就是更多的投资机会和更高的风险。

可转换证券通常包括可转债和可转优先股，它们都可以转变成其他产品，一般都是转换成普通股。证券是否转换以及何时转换有时取决于持有人，有时公司会保留这个权利。

可转换证券的转换比率通常在融资时就已经确定，也就是说，证券以固定的比率换成普通股。融资安排中可能会设定转换比率的上限或限制股票稀释的行为。可转换证券持有人将资产转换为普通股后，每股收益和每股所代表的所有权随之下降，这被称为股票稀释。

证券转换的条件因人而异，巴菲特这样的大买家可以和公司协商转换条款，当然普通公众就没有这个特权了。

可转换证券的缺点是会降低普通股的价值，发行量越大，发行价格越低，普通股贬值的可能性越大。股票稀释可能会引发危机：稀释越严重，股价越下跌。股价下跌，公司运用其他方式筹资就越困难，最后不得不继续发行更多的可转换证券。

美国证券交易委员会提醒投资者，在购买可转换证券前认真了解交易的各种信息。一定要清楚公司采取的是哪一种融资模式，这种融资模式会对公司经营和公司股票产生什么影响。这些信息在美国证券交易委员会的电子数据收集库（EDGAR）中可以找到，也可以从公司的上市注册登记表、年报、季报和中期报表中获得。

权证

权证是一种特别的证券产品，持有人可以在既定的时间以既定的价格买入股票。股价通常高于发行价，低于投资者对将来价格的预期。作为企业的融资方式之一，权证常和债券或优先股一起发售，一定程度上减少了发行人所需支付的利息和分红。权证主要用于改善证券的投资收益率，以增强对潜在投资者的吸引力。

作为一种选择权，权证有执行价格和到期日。持有人把可转换证券转换为普通股的价格就是执行价。转换交易有效的最后一天就是到期日，一般为发售日起的两年或数年以后，这使得权证可以和一并发售的债券分开，进行单独交易。

权证也常被拆分，独立于债券和股票单独发售。诸如德国证券交易所的金融市场见证了权证的活跃交易。

本杰明·格雷厄姆告诫权证也会存在操纵行为，大家要小心为妙。如果将来市场上的权证变得稀少了，它们就成为交易中的不正常因素。

在选择权证时，如下是可取的因素：

- 价格较低。
- 期限较长。
- 接近当前市场水平的买入价或选择权。

破产处理

2007—2009年发生了公司倒闭的"大地震"。资产达6.91亿美元的雷曼兄弟在2008年宣告破产，成为美国历史上金额最大的破产事件。根据《联邦破产法》第十一章的要求，克莱斯勒公司进入公司重组，这是对美国人的第二次打击。美林集团和美国房地产投资信托公司的倒闭使数百万的投资者和国民心灰意冷。很多历史悠久的美国公司，也未能幸免于难。

美国政府对"规模太大不能倒闭"的公司实施了紧急救援，否则破产的洪流将更加汹涌。备受争议的不良资产救助计划始于布什总统任期内的2008年，并跨越至奥巴马政府任期的第一年。在不良资产救助计划中，美国政府分别购买了美国国际集团400亿美元、花旗集团250亿美元和美国银行150亿美元的优先股，还为花旗集团的资产提供了3 060亿美元的担保。除此之外，美国财政部还向通用汽车和克莱斯勒公司提供了10亿美元的贷款。

面对公司破产，投资者会提出两个问题。第一，我已经持有它的股票，应该立即抛掉吗？第二，公司破产是否创造了绝佳的投资机会。

这两个问题的回答取决于很多因素，最重要的是公司是否已经进入《联邦破产法》第十一章和第七章所要求的重组和清算程序。

如果已经进入清算程序，这些问题已经没有讨论的意义。公司经营结束了，正在清算资产，当所有的债权人获得赔付后还有剩余资产，你才可以获得赔偿，而这一切都超出了你能控制的范围。

如果只是进行重组，公司的股票还可以继续交易。主要的交易所对公司关闭了大门，你仍然可以通过粉红单市场和其他渠道进行私下交易。以往的纸质交易已经退出了历史舞台，粉红单交易是一个实时的电子交易系统，显示场外交易的信息。

《联邦破产法》第十一章允许公司在法院的保护和监管下进行重组，这变成了一种依靠法院和管理层的"解决办法"。像巴菲特这样资金雄厚的大买家，有时会参与不良资产救助计划并收获颇丰，因为他们可以给公司的复苏计划提供融资，从而可以得到个人投资者和小的机构投资者无法取得的优惠条件。

要确定破产企业的股票价值很困难。企业的正常账面价值灰飞烟灭，商誉及客户关系等无形资产严重受损，甚至到了难以修补的地步。为使一切恢复正常，公司不得不开始处理有形资产。人们在买入时都清楚公司的艰难处境，所以买价都会被压得低于实际价值。

比尔在大傻瓜投资网站中写道："因此，潜在投机者、底层投资者和穷人投资破产企业一般来说不是一个好主意。我对于监管机构和交易所，仍然允许重组企业进行交易一直困惑不已——绝大多数这样的投资，都是以零收益收场。"

他继续写道："让我们这样来看待问题吧，你是愿意用 4 000 美元买入 20 000 股雷曼兄弟的股票，还是愿意持有价值 4 000 美元的伯克希尔·哈撒韦公司的股票？伯克希尔·哈撒韦公司收益为零的可能性近乎于零，而雷曼兄弟逃脱零收益的可能遥遥无期。最后，4 000 美元还是 4 000 美元吗？"

破产总是很令人不快，并常引起恐慌，但还是有些经验可以吸取：

- 接近破产时，公司股价会一泻千里，正如泡腾片落入水杯一样迅速消融。2008 年 9 月 15 日，美国国际集团似乎走到了破产的边缘——第二天股价狂跌 60%。如持有的股票有企业破产的可能，则投资者必须保护好自己。前文我们提到，对冲是最常用的传统方法，除非持有的数量巨大，面临的风险也较大，对冲在避免风险的同时也丧失了赢利的可能，所以不为大多数个人投资者所接受。最简单的方法是在察觉到问题时，尽快抛售持有的股票，以减少不必要的压力。你也可以通过止损指令在价格跌破你的心理底线时卖出股票。正常的交易价格和实际卖出价格之间应存在悬殊的差距，以确保股票不是因为市场的正常波动而被抛售。

- 有时，企业破产说明整个行业都正面临困境。比如报业，很显然报业将不再和以前一样，投资者应该相应地调整自己的投资策略。多数人都想了解全球发生的事件，信息对于企业和世界的正常运行都至关重要，试着问个问题：有什么可以替代传统的新闻来源？这其中有新的投资机会凸显出来吗？这样的思维逻辑会让你毫不犹豫地选择谷歌公司，或是像美国清晰频道通信公司这样的广播公司股票。

- 在食品和能源生产、医疗服务、银行、汽车制造等变化不大的重点行业里，总有投资者顽强地生存下来。当企业走向破产，且复苏的可能很小时，立即对它的投资者进行分析以确定谁将会接管垂死企业的股份。福特公司在艰难中挣扎多年，当通用汽车和克莱斯勒公司陷入泥潭不能自拔时，投资者随即将目光重新投向福特公司。他们相信福特公司有很好的发展计划，与竞争者相比负债水平低很多。的确，这种投资有些乘人之危的嫌疑，但这就是资本主义的实质，迫使经济不断自我调整，因此不必有负疚感。

12

期望做得更好

The Triumph of Value Investing

约翰·博格

你只是把自己的钱放在一边,并不会打理,到退休之日你会惊讶于金钱的巨大变化。

我们经常听到格蕾斯·格鲁诺的故事，她进行简单的投资并长期持有，以最后的投资收益震惊世界。格鲁诺在大萧条时期成为孤儿，终身未婚，工资从来都不高。镇上的一户人家收养了她，并把她送进伊利诺伊州的森林湖学院（Lake Forest College）。接着，她成为雅培实验室的秘书，一干就是34年。

1935年，格鲁诺以每股60美元的价格购买了3股专门发行的雅培股票，然后就一直持有。在随后的75年里，该股票被拆分了多次，格鲁诺把所有的分红进行了再投资。100岁的她在2010年去世，并把这笔钱留给了森林湖学院。当时所有的人都大吃一惊！最初的180美元变成了700万美元。以通货膨胀率为3%的复利来计算，真正的收益大约为6.7万美元。她把自己仅有一个卧室的栖身之所也捐给了学校，成为现在获奖学金资助的女学生宿舍，被称为"格蕾斯小屋"。

在 75 年中，市场经历了怎样的跌宕起伏！投资者又是怎样被告知投资多样化的重要性！或许会有人建议格雷斯在组合中包含一些黄金，投资组合要面向全球市场，或做出很多聪明的选择。可她就是坚持走自己简单和保守的投资之路。这还称不上是投资策略，她只是持有它，结果却出乎意料。

为什么警告你"买入并持有"策略的风险，之后又告诉你有关格雷斯的故事；为什么我再次把贯穿全书的理念、技巧和战略一一列出来，理由有二：

第一，格雷斯的故事告诉我们投资要注重长期收益。对美国和全球市场的分析告诉我们，经济发展将面临更为寒冷的冬天，而这个冬天至少要持续 10 年。智慧的人们总是有备无患，也总是尽力寻求最好的结果。负面的预测可能会使自己一厢情愿。格雷斯在大萧条暗无天日的经济环境下进行了投资，从购买之日到她去世，先后经历了 13 次或大或小的经济衰退，但她对最初的投资一直坚持，最后才取得了 700 万美元的好结果。

第二，这本书介绍的是投资原则，对明智的投资提出建议，特别是在遭遇经济发展的困难时期。

本杰明·格雷厄姆常常说世上本没有一夜暴富的方法，往往最简单的方法就是最好的方法。他建议投资者应该持有正确的态度，相信常识的判断，为自己着想等。毫无疑问，格雷厄姆对格雷斯的投资行为褒奖有加。

原则一：保持端正的态度

价值投资者的首要目标是保护本金，避免损失。这一简单的逻辑告诫我们，为确保安全性可以牺牲一定的收益性，同时还要控制投资成本。在投资收益率比不上隔壁邻居的收益率时，不必怨声载道，让失望和不满占据你的心灵，说不定你的邻居是在冒险。只要还持有本金，收益率稳步、合理地增长，你的资产就可以不断增长。如果失去了本金，不管是储蓄还是投资，你都丧失了一切的根本。空空如也的投资账户，无论如何也实现不了增长。

原则二：不要理会预测

对于经济，每个人都有自己的观点，很多人都喜欢向别人推荐自己认为的热门股票。对股市的讨论和争论到了白热化的程度。奇怪的是，面对股市上扬，预言家们毫无例外地相信这种情况会持续；而面对股市下挫，大家都觉得股市的重整旗鼓遥遥无期。

"我根本不会去估计和预测。"巴菲特说，"那往往会让我们对已经清晰的事实产生错觉。你越是小心翼翼，就越是惶惶不可终日。

我们不进行任何预测，但我们很关注并深入研究企业的历史业绩记录。如果企业的业绩记录不佳，但发展前景很可观，这就是机会。"

查尔斯·布兰帝认为对投资进行预测会得不偿失，特别是那些被投资公司的分析员和媒体所鼓吹的预测更有危害性。"人们出于对某种结果的兴趣把所有的信息汇集起来，这本身就带有一定下意识的主观性，最后得出的所谓的准确结论恰恰是致命弱点。他们用马克·吐温的名言提醒我：'矿井无非是一群骗子拥有土地上的一个洞而已。'对美国的预测常常被证实为谣言，虽然大家不一定是故意制造谣言，但糟糕的是，做出预言的人往往很相信自己。"

大家都持有自己的观点，但不意味着你不必从多个角度去审视潜在的投资机会。投资或建立股票组合都取决于企业过去和将来的业绩，但对将来的预测，经验丰富的格雷厄姆也认为只可能是一个"大概的数字"，要么就是胡编乱造。他还说，在分析时要留有一定的余地，确保自己的安全边际，这样夜晚也能高枕无忧。

原则三：坚持实事求是

威廉·欧奈尔屡次提醒我们，投资时不必人云亦云。"人们总是喜欢参考他人的意见，而个人意见往往都是错的。"虽然强势和固有的意见会影响我们对现实的看法，但巴菲特和其他投资大师都告诉我们，基于训练、经验和信息的直觉判断才是最强大的投资工具。当然，所谓的直觉必须来自丰富的知识与合理的判断。

原则四：寻找和市场情况不一致的投资机会

戴维·伊本指出，大家一拥而上就充分说明市场已经过热了。

"一个行业在指数中的比重超过30%，说明这个行业受到了投资者的普遍欢迎，如1999年的科技行业和金融业。这也说明了大量资本进入这些行业，供给过度必然导致收益率下降。如果你还在这个行业，赶紧选择离开。"

他偏爱那些和市场情况节拍不合的公司，它们经营稳健，具有竞争优势与合理的利润率。

意见相反的人会选择大家都不喜爱的优质公司，如卡夫食品公司。这些公司在市场上并不起眼，其实际价值常被扭曲，价格会高于或低于内在价值。

当经济陷入泥潭时，拖拉机和农业用具生产商约翰以2009年的净收益成功打破了所有分析家的预言。同一时期标准普尔500指数下降了0.3%，而公司股价出人意料地上涨了5%。

原则五：远离债务

"聪明的投资者走向破产的唯一途径就是举债。"巴菲特说，"市场上行时，举债投资让投资者心花怒放，而当市场下行时，投资者一筹莫展。聪明的投资者不会通过举债来支持投资。当市场处于上升期时，投资者会被胜利冲昏头脑而使举债行为失控。大家都那么做的时候，请小心保护好自己。"

紧紧跟随负债水平较低、现金流充裕的公司，善用自己的投资资金。

另外，巴菲特还补充说，千万不要把自己的住房当作投资资产，而用它作为购买游艇、投资不动产或开设公司的资金来源。"2009年前后发生的房地产风暴给购房人、贷款人、经纪人和政府好好上了一课，而这将确保将来市场的稳定。购房人应该老老实实地支付不少于10%的首付款，每月的贷款应该在其承受范围之内。申请贷款时，购房人的收入水平和情况应该被好好核实。"

原则六：迎接市场的波动

大多数时候，股票市场的波动不过是正常的短期变动而已。

戴维·伊本说，股市的波动从格雷厄姆时代起就没有停止过。"我们都知道市场具有一定的周期性，围绕企业的实际价值上下波动。"

"我喜欢市场发生变动。"伊本说，"当市场变动与基本面所反映的实际情况相左时，机会也会涌现出来。回想一下1999年的小盘股、1991年的垃圾债券和1982年的大盘股和长期债券，无一不印证了这一事实。"

伊本不是唯一持有此观点的人。查尔斯·布兰帝也看到了2007—2008年市场崩溃所带来的机会。"我们很清楚，过去的业绩不能保证将来的业绩，但至少具有一定的启发性。"布兰帝说，"我们认为，当人们回顾这段时期时，他们一定会相信是投资的黄金时期。"布兰帝接着解释说，市场遭遇危机后，股价都保持在较低水平，优质的投资机会正等着你去发现并捡起。

原则七：倾听"船员"建议

尽管价值投资者会积极地迎接市场波动，不会精心测算投资的最佳时机，但这本书中所提到的各种投资工具还是可以充当大家投资时的风向标。它们会在大海起风浪时给你警示。过热的市场有时需要很长时间才会恢复正常，但这一天迟早会来。地心引力不就是使我们下落容易、上升困难吗？所有的投资者，包括交易所交易基金和共同基金的投资者都应该密切关注市场的发展情况,并相应地采取必要的调整措施。

有些关于船的道理,也同样适用于投资领域。比如"水涨船高",市场的涨潮必然会推高股价,但市场的退潮也会毫不留情地让没有及时进入安全地带的船只搁浅。又比如"逆风而上",船员会根据风向不断地调整船帆,无论风向如何,都可以到达目的地。有两种风向是要小心的:使市场被高估的跟风和个股进入高价位的飓风。所以,我们该做的是,建造坚固的船,在市场的海洋里巧妙驾驶它,获知风暴来临时,扬帆驶入更安全的海港。

真实的例子就是巴菲特在 1969 年股市过热时的所作所为。他向自己的客户坦言,市场上已找不出物美价廉的股票,随后他关闭了自己的公司。

原则八:在市场过热时保持镇定

塞思·卡拉曼主张投资者必须居安思危,提前防范突发事件。简而言之,最佳的投资策略就是买股不买股市,投资决策都基于个股的基本面分析,再加上识别股市过热的判断力,足以保证你的投资进入安全地带。股市过热会出现如下的迹象:

- 股价创历史新高。
- 市盈率飙升。
- 很少分红，即便分红也是历史最低水平，甚至低于债券市场收益。
- 新股扎堆发行。
- 融资融券大量涌现。
- 股票指数波动加剧。

在市场狂热时，投资者好像都会前赴后继地重复以前的错误。"这些都是古老的教训了。"巴菲特若有所思地说，"它们不是什么新鲜事儿，大家都一清二楚，但高兴起来马上就忘得一干二净。"

原则九：多样化投资

如果可以预测未来，投资不用多样化。如果所有的资产同升同降，多样化也是多余的。多样化要求我们建立广泛的资产基础，以取得投资的增长和安全性。

"我想强调的是，每位投资者都应该持有一定量的黄金。"戴维·伊本再一次说道，"不动产、股票和硬通资产都应在组合中占有一席之地。不动产应该集中于全球范围内没有泡沫的市场，而股票则应该在全球范围进行多样化。"

原则十：通货膨胀不会消失

通货膨胀是我们无形和隐蔽的敌人。正是它，摧毁经济，重伤企业，吞噬我们个人的财富和快乐。

"通货膨胀将一直伴随着你。"巴菲特说，"从长期来看，很小的通货膨胀都具有强大的杀伤力。"他认为防御通货膨胀的最佳选择是维持自己的盈利能力。"要么，就选择资本要求不高的企业，如可口可乐公司，持有它的股票，就可以分享美国经济的收益水平。"

原则十一：坦然面对投资中的失误

是人都会犯错，投资时也不例外。提前预防，犯错后不必自责，继续前进。在2009年写给股东的信中，巴菲特承认自己大量买入康菲石油股票是重大失误。"我根本没有料到下半年的能源价格暴跌。"他勇敢地走到大家前面，承认自己失误的严重性，"买入的错误时机让伯克希尔·哈撒韦公司为此付出了数百亿美元。"很多年来，巴菲特事后承认自己犯过的很多错误。有时，他会开玩笑说自己应该加入 AA 公司，才能改掉不断投资航空业的习惯。但他出类拔萃的投资选择抵消了失误所带来的影响，使伯克希尔·哈撒韦公司成为成功的典范。

原则十二：享受投资的过程

投资充满乐趣和挑战，也给投资者带来愉悦的感受。为什么不把投资看作我们在这精彩世界里进行的一次冒险呢！

一览表

我们的目标是寻找卓越的、业绩记录优秀、管理团队诚实、高效并富有有责任感的企业。基于自己的分析，构建投入少、维护费用低，但有巨大成长潜力的投资组合。

- 按照如下的原则构建投资组合，包含约 30 只股票。
- 确定目标。比如立即替换两年内升值达不到 50% 的个股。

在买入股票时，坚持：

- 可观的市盈率。(根据第六章和第九章的叙述)。
- 价格接近或低于账面价值。
- 价格远低于先前的市场高价,比如仅为前两年中最高价的1/2水平。
- 基于先前收益增长率分析,目前的价格很低,比如市盈率低于公司前7年或10年的平均水平。
- 如果你很关注分红,必须考虑可持续的分红收益。记住,股票投资的总收益来自股票溢价和股息收入,所以股息不是可有可无的。

投资中的失误

"从充满泡沫的10年中能够吸取的教训,我们还在总结。"欧文在《华盛顿邮报》的文章中写道,"美联储的高官吸取的教训就是监管不应成为真空;监管重点不是个别机构的行为,而是整个银行体系给经济造成的风险和弱点,然后好好化解这些风险。"

华尔街和美国政府曾经面临的问题是,如何防止零增长的再次发生,如何恢复经济的活力。

奥巴马总统曾说,"我们面临的挑战之一是如何形成有可持续性的'后泡沫时代'的增长模式。"

塞思·卡拉曼认为"濒临死亡的经历",应该教会华尔街一些东西。"然而,2008年市场崩溃后近一年,人们又投入热火朝天的投机中去了。"

资本主义和自由市场的观念具有很多优越性,资本主义所具有的创新、实验、合理承担风险等特征应该好好培育。老一辈哲学教授们爱说:"自由应有一定的度。"当企业和金融服务开始欺骗和误导人们,用投资者的钱进行冒险,给投资者造成了不公平的伤害时,就需要进行严加管束。

最难的莫过于管理中的平衡。2008年的危机告诉人们,单单靠自律是不够的,市场需要对银行经营进行更加严格的监管,特别是针对金融衍生品和其他较为复杂的金融新产品的开发和销售。

"这一切都很疯狂,因为人们从短期行为中获取巨大的收益。"查尔斯·布兰帝说,"短期行为造成了严重的后果,更多的人失业、投资失败,甚至失去一切。"

希腊总理乔治·帕潘德里欧说,人们总是害怕"监管"这个词,似乎监管就意味着放慢发展速度,其实,监管是非常必要的。他做了个简单的比喻:交通信号灯带来了道路通行的规则和可预见性。"人们或许会说,我们不需要交通信号灯,因为它降低了汽车通行的速度。汽车通行的速度的确是放慢了,却很好地防止了交通事故的发生。所以,它实际上是在帮助我们。"

帕潘德里欧于2009年10月当选希腊总理,很快,他就发现前任政府提及国家债务水平时总是轻描淡写、避重就轻。当时希腊实际的国家债务已达4 100亿美元，是希腊国民所认为的4倍之多，公共债务已经占到希腊国内生产总值的12.7%。更令人震惊的是，帮助希腊前任政府设计掩盖国家债务问题金融衍生品和其他产品的，恰恰是美国的金融公司。更有甚者，相同的投资银行运用信贷违约互换业务来打赌希腊政府不能偿还由它们亲自安排的这些债务。这就好比一名拳击手暗自打赌自己会输掉比赛。时任美国参议院银行委员会主席克里斯多夫·多德说："正是这些金融公司的交易，在谋求私利的同时，扩大了公共危机的范围和强度。"

熊市悄然而至，经济衰退不请自来，平日里稳健的股票也开始步履蹒跚。运用自己的智慧，人们一定可以渡过难关。所以，振作起来，积极寻找好的投资机会。在2009年5月伯克希尔·哈撒韦公司的年会上，巴菲特承认在投资上"做了一些愚蠢的事情"。同时，他也宣称了自己对长期投资的乐观看法。"美国曾经历过更艰难的时刻"，他说，"但毫无例外，我们都成功地战胜了困难"。

"美国最好的时候在未来。"他说。好像是为了印证巴菲特的观点，伯克希尔·哈撒韦公司在当年以218亿美元的净利润，19.8%的净投资收益率创造了又一次佳绩。